전래놀이를 활용한
초등학생 인성교육

전래놀이를 활용한
초등학생 인성교육

최배영, 박명옥

머리말

　초등학생 인성교육의 필요성이 강조되고 있는 오늘날 아동들이 우리 민족의 오랜 역사와 인간 존중의 문화 그리고 자연과 인간이 공존하는 환경 속에 형성된 전래놀이를 경험하는 것은 유용하다. 실제로 학교에서의 전래놀이가 초등학생의 인성 발달에 미치는 영향을 다룬 연구가 몇몇 이루어져 왔다. 그러나 아동들의 전인적 성장과 발달을 고려하는 인성교육은 학교만이 아닌 가정의 부모와 지역사회의 현장에서도 이루어져야 한다.

　특히 지역사회기관은 지역의 상황에 적합한 자원들을 보유하고 있어 초등학생 아동뿐 아니라 부모의 참여도 도모할 수 있다. 또한 지역사회는 아동의 인성교육에 영향을 주는 주요 생활환경의 하나로 기능하기 때문에 지역사회기관이 어떠한 교육적 역할을 담당하는가에 따라 학교와 지역사회 간 협력도 구축할 수 있다. 이에 앞으로는 전래놀이 활용 기반을 갖춘 지역사회기관의 교육적 역할 수행을 조명하고 강조해야 한다.

　이 책은 초등학생 인성교육의 장(場)으로 지역사회기관이 학교 및 가정과 더불어 참여와 연대를 활성화하기 위한 전래놀이 활용 인성교육의 방안을 제시하는 데 목적을 두고 있다.

　이와 같은 목적하에 제1장에서는 초등학생 인성교육과 전래놀이에 대해 개관하여 인성의 정의와 덕목 그리고 우리나라 인성교육의 방향을 기술하였다. 또한 전래놀이의 의미와 가치를 제시하고 분류하였다. 이와 더불어 인성교육을 위한 전래놀이의 중요성, 전래놀이에 내재한 인성교육을 위한 가치·덕목을 분석하였다.

제2장에서는 지식의 형성과 습득을 학습자들의 인지 작용과 그들이 속한 사회 구성원들의 상호작용으로 설명하는 구성주의 이론을 제시하고 전래놀이 활용 인성교육에 대해 구성주의 관점으로 접근하였다. 먼저 구성주의의 개념, 교수학습관, 교수학습과 관련된 구성주의의 기본 가정과 교수학습원리를 서술하였다. 그리고 전래놀이 활용 인성교육에 대한 구성주의의 적용, 구성주의를 토대로 하는 전래놀이 인성교육의 교수학습에 체계화를 시도하였다.

제3장에서는 구성주의에 기반을 둔 전래놀이 활용 인성교육의 실제적 방안들을 기술하였다. 인성교육을 위한 10가지 전래놀이를 선정하고 활동 단계를 구성하였다. 또한 각 전래놀이의 개념 및 방법을 설명한 후 지역사회기관에서 초등학생 인성교육에 활용할 수 있도록 활동 계획안을 마련해 제시하였다.

책이 나오기까지 도움을 주신 모든 분들에게 감사를 드리며

앞으로도 지역사회기관에서 전래놀이를 활용한 인성교육이 보다
활성화될 수 있도록 관련 연구에 정진할 것을 다짐해본다.

2022년 봄

저자 일동

목 차

제2장
구성주의 이론과
전래놀이 활용 인성교육

제3장
구성주의에 기반을 둔
전래놀이 활용 인성교육의 실제

제1장

초등학생
인성교육과 전래놀이

1. 인성의 덕목과 교육

1) 인성의 정의

인성(人性)에 대한 정의는 1990년대 중반 이래 시작되어 현재까지도 우리나라 교육계에서 지속해서 다루어지고 있는 연구주제로 철학, 교육학, 심리학, 윤리학, 생활과학 등 탐구하는 학문의 분야도 넓고 다양하다(장민영, 2019).

인성이라는 용어는 1970년대와 1980년대 서구의 자아실현을 중시한 인본주의(人本主義) 심리학을 공부한 학자들에 의해 인성교육이 소개되면서 본격적으로 등장하였다. 미국의 인본주의(humanistic), 인격(character), 개성(personality)을 한국어로 번역하면서 그에 적합한 용어로 인성이 선택되어 보편화 되었는데 이는 서구적 인성 담론의 출발이었다(장승희, 2015).

인성의 사전적 의미는 사람의 성품, 각 개인이 가지는 사고와 태도 및 행동 특성을 뜻한다. 인성은 인간성(人間性) 혹은 인격(人格) 등과 개념이 혼용되어 사용되곤 한다. 인간성은 인간이

가지는 본질, 인간다움, 사람다움을 말한다. 인격은 개인의 지적 (知的), 정적(情的), 의지적(意志的) 특징을 포괄하는 특성으로 정의된다(박경호·김양분, 2015).

전통적으로 우리 사회에서는 사람다움을 중시하였다. '-답다'는 일부 명사나 어근 뒤에 붙어 그것이 지니는 성질이나 특성이 있다는 뜻을 더해 형용사를 만드는데 '사람답다'는 그 됨됨이나 하는 일이 사람의 도리에 어그러짐이 없다는 의미이다(장승희, 2015).

문용린(1997)은 인성을 개인의 심리적인 혹은 행위적인 성향으로 보고 올바른 인성을 지닌 사람은 대인관계와 자신의 삶에 대해 긍정적이라고 하였다. 남궁달화(1999)는 인성을 인간의 성품 즉 마음의 바탕인 성질과 사람됨의 바탕인 품격으로 보았다. 조연순(2007)은 인성을 자신의 내면적 요구와 사회환경적 필요를 지혜롭게 잘 조화시킴으로써 세상에 유익함을 미치는 인간의 특성이라고 하였다. 현주 등(2009)은 인성을 보다 긍정적이고 건전한 개인의 삶과 사회적 삶을 위한 심리적, 행동적 특성이라고 규정하였다. 천세영(2012)은 인성을 인간의 성질, 마음의 본바탕으로 고유한 특성 혹은 됨됨이라고 보았다. 교육부(2013)는 인성을 개인과 사회에 영향을 주는 성품, 기질, 개성, 인격 등으로 정의하였다(박경호·김양분, 2015; 장민영, 2019). 이로 보면 인성은 개인에게 내재한 상태와 타인 및 사회에 미치는 외재적 영향이라는 두 가지 의미를 내포하고 있다. 상태는 인간이 가지고 있는 긍정적인 사고, 태도, 행동 또는 정신적 특성 등으로 설명될 수 있다. 영향은 이러한 특성이 타인과 사회에 유익함을 주는 것으로 풀이될 수 있다. 인간을 이해하는 데 있어 도움이 되는 심리학적 관점으로 보면 현대사회에서 가치판단과 결단의 주체는 자아(自我)이다. 인간은 다양한 측면에서 다른 자아들과 관계를 맺으며 사회성을 통해 개인의 자아를 실현해나간다. Maslow(1908~1970)가 제시한 인간의 욕구 5단계 중 최상의 단계인 자아실현은 자기완성과 삶의 보람 측면에서 주체적 자아와 관계적 자아를 설정한 것이다(장승희, 2015).

이상을 종합해보면 인성은 사람다움을 의미하며, 이는 가치 지향적 개념이다. 이러한 인성의 본질은 전통적으로 유교 문화에서 강조된 오덕(五德)의 개념에 서구의 인본주의 개념을 더하고 오늘날의 사회문화 측면에서 다각적인 관점을 고려할 필요가 있다.

2) 인성의 덕목

(1) 동양 문화권의 오덕(五德)

동양 문화권에서 인성 덕목에 관한 논의의 시초는 오덕(五德)인 인(仁)·의(義)·예(禮)·지(智)·신(信)에서 찾아볼 수 있다. 오덕은 공자(孔子, B.C.551~B.C.479)의 인(仁)에 뿌리를 두고 있다. 공자는 지(知)·인(仁)·용(勇)을 사람이 갖춰야 할 삼달덕(三達德)이라고 했고, 맹자(孟子)는 공자의 인(仁)에 의(義)·예(禮)·지(智)를 더해 사람이 갖춰야 할 네 가지 덕성으로 보았다.

맹자는 이를 사단(四端)으로 언급하며 인(仁)에서는 측은지심(惻隱之心), 의(義)에서는 수오지심(羞惡之心), 예(禮)에서는 사양지심(辭讓之心), 지(智)에서는 시비지심(是非之心)이 우러난다고 하였다. 이러한 사단의 발로는 먼저 인으로부터 시작되어 이른바 인이 의·예·지를 포함한다. 또한 맹자는 인성은 그대로 방치해서는 안 되며 부단한 노력이 필요하다(김정연, 2018)고 하여 교육의 중요성도 강조하였다.

오덕은 오성(五性)이라고도 한다. 오행설(五行說)에 바탕을 둔 한(漢)의 동중서(董仲舒, B.C.176?~B.C.104)는 맹자가 제시한 네 가지 덕성에 신(信)을 더해 오상설(五常說)을 확립하였다. 후한(後漢) 광무제(光武帝, B.C.6~A.D.57)는 『백호통의(白虎通義)』「정성편(情性篇)」에서 인(仁)은 사람이 잘 살도록 베풀어 주고 사람을 사랑하는 것이며, 의(義)는 마땅함으로 결단을 내리고 진실을 얻는 것이라고 기술하였다. 예(禮)는 실행하는 것으로 도를 이행하고 문화를 이루는 것이고, 지(智)는 아는 것으로 이전에 들은 것을 잘 이해하여, 하는 일에 의혹되지 않고 미세한 것까지 드러내는 것이며, 신(信)은 진실함으로 한결같고 흔들림이 없는 것으로 보았다(고재욱, 2015).

(2) 한국교육개발원(KEDI)의 인성 덕목

2014년 한국교육개발원은 인성 덕목이 포함된 KEDI 인성 검사지를 개발하였다. 이는 2013년까지의 선행연구 조사를 토대로 국가 단위의 연구가 이루어진 것이다.

이 인성 검사지는 초·중·고 공용으로 각 학교급의 학년에서 인성교육의 효과나 인성 수준의 강·약점을 파악하기 위한 용도로 활용될 수 있다(한국교육개발원, 2014).

KEDI 인성검사에 구성된 10가지 인성 덕목은 자기존중, 성실, 배려·소통, 책임, 예의, 자기조절, 정직·용기, 지혜, 정의, 시민성이다. 다음의 <표 1>은 KEDI 인성 검사지의 인성 덕목과 구성 내용을 제시한 것이다.

<표 1> KEDI 인성 검사지의 인성 덕목

구분	인성 덕목	구성 내용
1	자기존중	자아존중, 자기효능
2	성실	인내(끈기), 근면성
3	배려·소통	타인이해 및 공감, 친절성, 대인관계 및 의사소통능력
4	책임	책임성, 협동심, 규칙이행
5	예의	효도, 공경
6	자기조절	자기통제(감정·충동·행동), 신중성
7	정직·용기	정직성, 솔직성, 용감성
8	지혜	개방성, 판단 및 의사결정 능력, 안목
9	정의	공정, 공평, 인권존중
10	시민성	애국심, 타 문화이해, 세계시민의식

출처: 한국교육개발원(2014), KEDI 인성검사 실시 요강. https://www.kedi.re.kr

① 자기존중

자기존중은 자신의 감정, 사고, 행동을 객관적으로 지각하여 긍정적으로 바라보고 스스로를 가치 있는 사람으로 인식하는 것이다. 이는 자기 긍정의 상위개념으로 인간 발달에 있어 자기존중의 태도와 사고는 바람직한 인성의 형성을 통해 자기효능과 자아실현에 핵심적인 역할을 한다(한국교육개발원, 2014).

② 성실

성실은 자신과 타인을 진실된 사고와 행동으로 대하는 것이다. 성실하다는 것은 자신의 내면 가치를 구현하기 위해 인내하며 근면하게 노력하는 것으로 자신에 대해 정확히 알고 바른 가치판단에 의거해 일관성 있게 행동하는 것이다(함소희, 2016).

③ 배려·소통

배려·소통은 타인을 이해하고 공감함으로써 친절하게 행동하고 긍정적인 대인관계로 의사소통하는 것이다. 여기서 배려는 자신과 타인 간에 일어나는 상호작용에서 나타날 수 있는 도덕적인 태도와 사고이다(조연순 외, 1998). 소통은 서로의 의사가 통하여 오해가 없는 것으로 대인관계와 사회적 능력에 필수적인 요소이다.

④ 책임

책임은 자신이 행한 일에 관련된 의도치 않은 결과에 대해 정신적·도덕적·법률적 비난, 제재, 손해 등을 감수하는 것이다. 정창우 등(2014)에 의하면 책임은 도덕적 책임, 개인적 책임, 사회적 책임으로 세분될 수 있으며, 그중 사회적 책임을 다하는 노력은 공동체 의식으로 설명될 수 있다. 이는 협동심과 규칙이행으로 발전이 된다.

⑤ 예의

예의는 전통적으로 동양 윤리에서 강조되어온 부모에 대한 효도와 타인에 대한 공경의 마음을 지칭한다. 즉 공경은 도덕성의 중요한 덕목으로 효의 정신이 연장된 것으로 본다(박효정·정광희, 2001). 현대사회에서 공경과 효는 형식적인 면이 강조되기보다는 웃어른을 비롯한 타인에 대한 존중의 마음가짐으로 강조된다(함소희, 2016).

⑥ 자기조절

자기조절은 자신의 욕구와 내적인 반응 그리고 밖으로의 행동을 유연하게 조절하여 부정적인 감정과 충동 등을 축소하는 노력을 의미한다. 한국교육개발원(2014)은 자기조절을 목표 달성을 위해 자신의 반응을 신중하게 조절하는 것으로 보았다.

⑦ 정직·용기

정직·용기는 말이나 행동에 거짓이 없는 솔직하고 양심적인 태도와 사고이다. 이 가운데 정직은 추상적 개념으로 단일한 요인으로는 측정이 어렵기 때문에 바른 인격과 진실성이 있는 사

람이 충동적인 사람보다 용기 있게 행동한다는 점을 통해 그 정
도를 판단할 수 있다(정창우 외, 2014).

⑧ 지혜

지혜는 주변 환경과 인간에 대한 폭넓은 지식과 안목을 가지
며 이를 반성적 판단으로 활용하는 것이다. 함소희(2016)는 지혜
로운 사람은 자기 자신을 잘 알며, 타인의 요구에 대해 깊이 생
각하고 조언자의 역할도 수행한다고 하였다. 또한 폭넓은 통찰력
으로 문제의 핵심을 간파해내는 능력을 지녀 정확한 판단과 의
사결정을 내린다.

⑨ 정의

정의는 개인과 개인, 집단과 집단, 개인과 집단 사이에 일어나
는 공정, 공평, 인권존중 등의 대인 상호작용의 방식이다(이인재,
2016). 이는 형평성의 개념을 포함하는 것으로 도덕적으로 옳고
그름에 대한 판단 과정에 중요한 영향을 미친다(정지혜, 2007).

⑩ 시민성

시민성은 개인의 이익을 초월하여 자신이 속한 공동체의 이익
과 공공의 선을 추구하려는 의무감과 귀속 의식이다. 여기서 공
동체는 가족, 친구, 이웃, 사회, 자신의 국가, 타문화 집단 그리고
세계 인류로 확장될 수 있다. 서재천(2011)은 시민성을 자신이

속한 공동체에 여러 가지 방법으로 참여하는 적극적 시민으로 정의하고, 그 참여 형태는 개인 수준의 봉사 활동에서부터 공동체의 현안 개선에 뛰어드는 것까지 다양하다고 보았다.

(3) 인성교육진흥법의 핵심 가치·덕목

고도의 과학기술 및 정보화시대에 강조되는 정보기술의 발전과 활용의 원천은 인간이다. 따라서 인간의 건전하고 올바른 인성 여하에 따라 그 의미와 가치가 달라진다는 점에서 장기적으로 진정한 경쟁력은 인성에서 비롯된다는 관점이 대두되고 있다. 이에 학교를 포함한 사회적 차원에서 상호유기적으로 인성교육을 실시하고자 2015년 7월 21일부터 인성교육진흥법이 시행되고 있다(하수연, 2016).

인성교육진흥법은 '대한민국헌법에 따른 인간으로서의 존엄과 가치1)를 보장하고 교육기본법에 따른 교육이념2)을 바탕으로 건전하고 올바른 인성(人性)을 갖춘 국민을 육성하여 국가사회의 발전에 이바지함'을 목적으로 한다. 또한 이 법에서는 자신의 내면을 바르고 건전하게 가꾸고 타인·공동체·자연과 더불어 살아가는 데 필요한 인간다운 성품과 역량을 기르는 인성교육을

---

1) 대한민국헌법 제2장(국민의 권리와 의무) 제10조에는 '모든 국민은 인간으로서의 존엄과 가치를 가지며, 행복을 추구할 권리를 가진다'라고 되어 있다. 국가는 개인이 가지는 불가침의 기본적 인권을 확인하고 이를 보장할 의무를 진다[법제처(2021), https://www.moleg.go.kr].

2) 교육기본법 제1장(총칙) 제2조(교육이념)에는 '교육은 모든 국민이 인격을 도야하고 민주시민으로서 필요한 자질을 갖추게 하여, 인간다운 삶을 영위하고 민주 국가의 발전과 인류 공영의 이상을 실현하는 데 이바지하게 함을 목적으로 한다'라고 되어 있다[법제처(2021), https://www.moleg.go.kr].

강조한다(법제처, 2021). 이와 더불어 인간다운 성품과 역량을 기르기 위한 인성교육의 목표로 핵심적인 가치·덕목 8가지를 명시하고 있다.

① 예

조선 시대의 기저가 된 유학 사상에서는 예(禮)를 인간교육의 핵심으로 보았다(류칠선, 2003). 오늘날 예는 인간 사회 속에서 고유한 질서를 의미하며, 인간관계에 필요한 생활 규범을 뜻한다(최배영, 2002). 즉 예는 사람이 만든 질서에 따라 자신과 타인을 구분하고 그 구분에 따라 알맞은 표현(언어와 행동) 방법을 정한 것이다(김충렬, 1994). 예에서 가장 중요한 것은 외면의 형식 못지않게 자신이 마주하는 대상을 고귀한 인격으로 생각하면서 대하는 내면의 마음가짐이다. 상대방의 인성을 존중하는 마음가짐이 앞서면 우리의 언행과 태도는 자연스럽게 그에 따르기 때문이다. 일상에서 자기 내면에 작용하는 예의 마음과 밖으로 표현되는 예의 행동이 일치되어 발현되어야 하는 것이다(박명옥·최배영, 2004). 또한 예는 상대방의 인격을 존중할 뿐 아니라 자기 자신의 삶을 정돈하게 한다. 곧 사회적인 상호작용을 해나가는 데 있어 예는 다른 사람들과의 관계를 위해서 그리고 스스로의 인성 도야를 위해서도 중요한 것이다(정창우 외, 2014).

② 효

효(孝)는 가정 내의 인간관계와 관련되는 대표적인 전통인성교육의 덕목이다(조정호, 2016). 이는 자녀가 부모를 향한 경애(敬愛)의 마음을 토대로 행동하는 것을 말한다. 우리의 전통문화에서 효는 모든 덕(德)의 출발점이었고 가치판단의 기준이기도 했다. 특히 자녀가 부모의 사랑과 은혜에 대해 보답하고자 하는 마음에서 부모를 봉양하는 것은 미덕이자 도리였고 이는 사회적 공통 가치 규범으로 강조되는 교육의 핵심 사상이었다(김길순, 2015). Toynbee(1973)는 한국에서 장차 인류 문명에 크게 기여를 한다면 그것은 부모를 공경하는 효 사상이라고 언급하기도 하였다. 이러한 효는 일방적인 복종 위주의 인간관계에서 비롯되는 것은 아니며 부모가 자녀에 대하여 겸양의 덕을 보이고 내리사랑을 한 결과가 마침내 보은(報恩)의 자연스러운 귀결로서 나타나는 것이다. 즉, 효의 본질은 부자자효(父慈子孝)에 있다(이길표·주영애, 1999).

③ 정직

정직(正直)은 거짓이나 꾸밈이 없이 마음이 곧고 바른 것을 말한다. 동양 문화권에서 정직은 이치에 어긋남이 없고 왜곡됨이 없는 것으로 옳고 그름을 분별하는 마음, 가엽게 여기는 마음, 부끄럽게 여기는 마음, 양보하는 마음으로 이해된다(장희선·손경원, 2011). 이와 같은 정직은 대화에서의 정직과 행위에서의 정직으로도 구분해볼 수 있다. 전자는 다른 사람을 속이지 않고 자기 생각과 알고 있는 바를 사실대로 표현하는 것이다. 후자는 무언가를 훔치거나 부정행위를 하거나 기만하거나 속임수를 쓰지 않고 규칙에 따라 행동하는 것이다. 정직한 사람은 거짓됨이 없이 자기가 하는 일에 정성을 다함으로써 신의를 지키고 매사에 근면 성실한 자세를 보인다(정창우 외, 2014). 또한 양심에 반하지 않는 행동을 취하려는 마음을 가지며 정직에 따른 불이익을 감수할 만한 신념을 지닌다(최배영, 2016).

④ 책임

책임(責任)은 자신에게 주어진 일에 관련된 임무나 의무를 수행하고 그 결과를 중히 여기는 마음이다. 이는 자신이 맡은 임무에 대해 끝까지 최선을 다하여 성취해내는 것을 말한다(주건성, 2015). Foster(1962)는 책임의 하위요인으로 신뢰, 자신의 능력 안에서 스스로 생각하고 행동하여 성취하는 솔선 그리고 본보기를 들었다. Josephson(2002)은 미리 계획하기, 끈기 있게 하기, 항상 최선을 다하기, 자기 통제하기, 자기 수양 쌓기, 결과를 생각하고 행동하기, 책임 있는 말과 행동·태도 갖기, 좋은 모범이 되기를 제시하였다(송민경, 2015). 이러한 책임은 자신의 역할을 마땅히 행해야 한다는 인식을 일컫는 '역할 책임'과 책임을 다해야 하는 실제 상황에서 그 책임을 행동으로 옮길 수 있는 '행위 책임'으로 나뉜다. 이는 개인, 가족, 지역사회, 국가, 인류 전체에 대한 역할과 의무를 인식하고, 공동체의 일원으로 책임을 이행해야 하는 상황 속에서 실제적인 역할과 의무를 행하려는 경향성이며, 결과에 대해 책임을 지는 모든 행위도 포괄하는 개념이다(이은정, 2016).

⑤ 존중

존중(尊重)은 있는 그대로 상대를 귀중하게 대함으로써 그 사람의 존재를 인정하는 것이다. 따라서 존중을 받는 사람의 관점에서 보면 개인의 인간적 가치를 전달해 주고, 공동체에 기여하는 개인의 잠재력을 인정하는 것이다(박노윤, 2014). Kant(1724~1804)는 존엄성을 가지고 있는 인간은 수단이 아니라 목적이기 때문에 인간 존중은 의무라고도 하였다. 모든 사람은 존엄하게 대우받을 권리를 가지고 있다. 우리는 그들이 누구인지 그리고 어떤 일을 해왔는지에 상관없이 그들을 존중으로 대해야 한다. 존중은 폭력, 혐오, 착취 등을 예방하는 기능을 하며 자기존중, 타인존중, 생명존중으로 확대되는 특징이 있다. 즉 인간이 스스로를 존중하는 것으로부터 시작해서 모든 사람과 생명체 그리고 사물도 각기 가치가 있다고 믿으며 그 가치를 인정하고 소중히 여기게 된다(정창우 외, 2014).

⑥ 배려

배려(配慮)는 누군가를 여러모로 도와주거나 보살펴 주려고 자상하게 마음을 쓰는 것이다. 이는 타인의 성향이나 성격을 민감하게 파악하는 능력, 타인의 어려운 상황에 대해 공감하는 마음, 타인의 이익을 위해 자신의 감정을 조절하고 도움이 필요한 대상에게 온정을 베풀고 관심을 두는 것을 포함하는 의미이다(엄상현 외, 2014). Mayeroff(1971)는 배려를 다른 사람이 성장할 수 있도록 도와주는 것이라고도 보았다. 진정한 배려는 배려를 주고받을 때 배려자와 피배려자가 서로 배려를 느낌으로써 완성되는 것이다. 상대는 받을 준비가 되지 않았는데 그를 무시하고 자기만 배려를 행하면 된다는 것은 진정한 의미의 배려가 아니다(이명신·권충훈, 2010). 따라서 배려는 타인과 맺는 관계에서 그를 향한 관심과 이해를 갖고 보살피는 것이며 나아가 자기를 돌아보고 성장시킬 수 있는 덕목이다(이은정, 2016).

⑦ 소통

소통(疏通)은 메시지를 교환하는 데 뜻이 서로 통해 오해가 없이 생각이나 감정 등의 전달이 원활함을 의미한다. 서로 소통을 원활히 하기 위해서는 상대에게 호감을 주고 친밀도를 높일 수 있어야 한다. 자극이나 변화에 대해서도 어느 정도 개방적이어야 하며 소통의 상대와 목표, 과정, 결과 등을 공유할 수 있어야 한다. 또한 타인의 발화나 행위에 대한 적절한 격려, 칭찬, 위로,

감사 등의 행동을 취할 수 있어야 한다(엄상현 외, 2014). 이러한 소통의 행위는 언어적 행위와 비언어적 행위로 구분된다. 언어적 행위는 문자나 말 등의 메시지 내용 즉 무엇을 말하는가에 관한 것이고, 비언어적 행위는 손짓, 몸짓, 얼굴의 표정, 신체 접촉 등의 메시지 전달 방식 즉 어떻게 말하는가에 관한 것이다(현문학, 2004).

⑧ 협동

협동(協同)은 사회적 활동을 통해 서로 마음과 힘을 하나로 합하는 것으로 이 과정에서 친사회적 행동을 습득할 수 있게 된다. 이는 공동의 목표를 성취하기 위해 구성원들의 지혜와 역량을 집약시키는 것이며 상부상조하는 것이다. 이러한 협동의 미덕은 공동체를 향한 충직한 마음에서 비롯되는 나, 너, 우리가 하나로 얽혀 있는 의식을 의미한다(정창우 외, 2014). 이와 같은 협동을 통해 긍정적 상호의존, 개인적 책무성 등이 증진될 수 있다. 나아가 협동 과정 중 발생할 수 있는 갈등도 함께 해결해가면서 타인의 입장에서 조망할 수 있는 태도를 함양할 수 있게 된다(하수연, 2016).

<표 2> 인성 덕목

구분	동양 문화권 오덕(五德)	한국교육개발원 인성 덕목	인성교육진흥법 핵심 가치·덕목
인성 덕목	인(仁)	배려·소통	소통
		시민성	배려
	의(義)	정의	정직
		정직·용기	
	예(禮)	예의	예
			효
		자기존중	존중
	지(智)	지혜	협동
		자기조절	
	신(信)	성실	책임
		책임	

출처: 본 연구자가 선행연구를 토대로 재구성.

　이상에서 살펴본 인성 덕목을 종합해 정리하면 <표 2>와 같다. 다른 사람을 아끼고 사랑하는 인(仁)은 배려와 소통 그리고 시민성의 덕목, 올바른 결단을 내리고 실행으로 옮기는 의(義)는 정의와 정직 그리고 용기의 덕목, 자신의 도리(道理)를 다하며 더불어 사는 문화를 만드는 예(禮)는 예의와 효 그리고 존중의 덕목, 상황을 이해하여 문제를 해결해 나가는 지(智)는 지혜와 자기조절 그리고 협동의 덕목, 한결같고 흔들림이 없는 신(信)은 성실과 책임의 덕목과 일맥상통한 의미를 지닌다고 하겠다.

3) 인성교육의 방향

2015년부터 시행된 인성교육진흥법에서 인성교육은 자신의 내면을 바르고 건전하게 가꾸고 타인·공동체·자연과 더불어 살아가는 데 필요한 인간다운 성품과 역량을 기르는 것을 목적으로 하는 교육으로 정의되고 있다. 여기서 인간다운 성품은 앞서 살펴본 예(禮), 효(孝), 정직, 책임, 존중, 배려, 소통, 협동 등의 마음가짐이나 사람됨과 관련된 8가지 핵심 가치·덕목으로 곧 인성교육의 목표에 해당이 된다. 다음으로 핵심 역량은 핵심 가치·덕목을 적극적이고 능동적으로 실천 또는 실행하는 데 필요한 지식과 공감·소통하는 의사소통능력이나 갈등 해결능력 등이 통합된 능력을 말한다(법제처, 2021).

교육부는 2020년 10월 제2차 인성교육 종합계획을 발표하며 인성교육진흥법에 명시된 인성교육을 학교 교육 및 학교 밖 교육으로 언급하였다. 또한 인성교육을 인성 가치·덕목을 내면화하고, 의사소통능력·갈등 해결능력을 익히게 함으로써 핵심 가치·덕목을 갖춘 민주시민을 양성하는 교육으로 해석하고, 다음과 같은 정책 과정 개념도를 구성하였다.

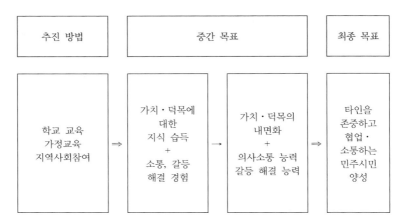

<그림 1> 인성교육의 정책 과정 개념도

출처: 교육부(2020), 제2차 인성교육 종합계획. http://www.moe.go.kr

    <그림 1>을 보면 2021년부터 향후 5년간 우리나라 인성교육은 학교 교육, 가정교육과 더불어 지역사회의 참여 역할이 부각된다. 즉 학교 교육과 학교 밖 교육(가정, 지역사회)은 상호유기적으로 네트워크를 구축해 초등학생들로 하여금 인성교육의 가치·덕목을 실천하는 데 필요한 지식을 습득하도록 이끌어 의사소통과 갈등 해결의 경험을 쌓을 수 있도록 해야 한다. 이렇게 초등학생들에게 가치·덕목이 내면화되고, 의사소통능력과 갈등해결능력이 배양되면 타인을 존중하고 협업과 소통할 수 있는 민주시민 양성이 이루어지게 된다는 개념인 것이다. 이와 더불어 교육부는 제2차 인성교육 종합계획 추진 체계를 <그림 2>와 같이 제시하였다.

비전	미래 사회를 주도할 인성역량을 갖춘 민주시민 육성

목표	· 책임 있는 사회참여를 위한 시민적 인성의 함양 · 타인, 공동체, 자연을 존중·배려하는 도덕적 인성의 함양

과제	· 학교 교육과정 내 인성교육의 안착 · 인성교육 친화적 학교 환경 조성 · 가정·지역사회와 함께하는 인성교육 · 제도 및 평가·환류 개선

교육부	시도교육청	
국가 수준 제도정비 국가 단위 네트워크 운영	지역 수준 계획수립 지역 단위 네트워크 운영	지역사회의 협력

학교

학교 교육과정과 연계하여 학교 수준 인성교육 계획을
수립하고, 국가·지자체·지역사회의 자원을 적극 활용하여,
교과, 창의적 체험 활동을 통해 정규 교육과정 중심으로
인성교육 실시

<그림 2> 제2차 인성교육 종합계획 추진 체계

출처: 교육부(2020), 제2차 인성교육 종합계획. http://www.moe.go.kr

<그림 2>에서 보면 인성교육 종합계획 추진의 비전은 미래 사회를 주도할 인성역량을 갖춘 민주시민 육성에 있다. 추진 목표는 책임 있는 사회참여를 위한 시민적 인성의 함양, 타인·공동체·자연을 존중하고 배려하는 도덕적 인성의 함양에 있다. 이러한 추진 목표 달성을 위한 과제로는 네 가지가 제시되고 있다. 첫째, 학교 교육과정 내 인성교육의 안착, 둘째, 인성교육 친화적 학교 환경 조성, 셋째, 가정·지역사회와 함께하는 인성교육, 넷째, 제도 및 평가·환류 개선이다. 이러한 과제를 해결하기 위해서는 교육부, 시도교육청, 학교와 더불어 지역사회의 협력이 필수적이다. 학교는 교육과정과 연계하여 학교 수준의 인성교육 계획을 수립하고 국가·지자체·지역사회의 자원을 적극 활용함으로써 교과, 창의적 체험 활동을 통해 정규 교육과정 중심으로 인성교육을 실시하게 되기 때문이다.

<표 3>의 내용을 토대로 초등학생을 대상으로 인성교육을 시행하는 교육부, 시도교육청, 학교, 가정, 지역사회의 추진 과제를 정리해보면 다음과 같다.

(1) 학교 교육과정 내 인성교육의 안착

① 국가 수준의 교육과정에 기초한 인성교육의 추진이다. 이를 위해 일회성 행사가 아닌 정규 교육과정 내에서 인성교육이 이루어질 수 있도록 학교 교육과정과 인성에 관한 교육계획의 연계성이 강화되어야 한다.

② 학교와 교원의 인성교육 역량 강화를 위한 추진이다. 특히 교원의 자발적인 인성교육 역량 강화를 위한 지원이 요구된다.

③ 주제별로 인성교육의 활성화 및 체계화의 추진이다. 이를 위해 교육과정 편성 시 반영할 수 있도록 매년 인성교육 시행계획을 통해 학교가 인성교육 지원사업의 내용, 신청 방법 등을 알기 쉽게 사전 안내를 하도록 한다.

(2) 인성교육 친화적 학교 환경 조성

① 민주적 학교 문화 조성의 추진이다. 학생이 주도적으로 교육 활동에 참여하는 기회를 통해 책임·소통을 경험하고, 학부모의 학교 참여로 가정과 함께하는 인성교육이 실현될 수 있도록 한다.

② 소통·배려·존중이 있는 학교생활의 추진이다. 학생 상호 간, 학생-교원 간 존중과 배려가 있는 학교 문화를 조성하고 다양성에 대한 인식 제고를 통해 공동체 의식을 함양할 수 있도록 한다.

(3) 가정·지역사회와 함께하는 인성교육

① 가정에서의 인성교육 지원의 추진이다. 학교에서의 교육이 가정에서 이어질 수 있도록 자녀 지도방법 등 학부모 교육을 활성화하고 가족 친화적인 사회 환경을 조성한다.

② 지역사회 참여 활성화의 추진이다. 학교 교육과 일반 지자

체 협력으로 인성교육을 위한 지역 단위 네트워크를 강화하고,
민간기관 및 기업의 교육 참여를 통한 인성교육 지원체계를 마
련한다.

<표 3> 제2차 인성교육 종합계획 추진 과제

구분	과제 내용
1. 학교 교육 과정 내 인성 교육의 안착	1) 국가 수준 교육과정에 기초한 인성교육 추진 -인성교육 관련 국가 수준 교육과정 체계화 및 내실화(교육부) -시도 교육과정 편성·운영 지침에 인성교육 관점 반영(교육청) -학교 교육과정과 연계한 인성교육 계획 수립·실시(학교) 2) 학교·교원의 인성교육 역량 강화 -교원의 자발적인 인성교육 역량 강화 지원(교육부, 교육청, 학교) -인성교육 프로그램 개발 및 인증제 운영(교육부) -예비교원의 인성교육 지도 역량 강화(교원 양성기관) 3) 주제별 인성교육 활성화·체계화 -체육교육 활성화를 통한 건강한 인성 함양(교육부, 문체부) -예술교육을 통한 감성 및 정서 함양(교육부, 문체부) -삶의 질을 높이는 인문소양교육 및 전통문화교육 활성화(문체부) -소통과 갈등 해결을 위한 미디어 리터러시 교육(교육부, 문체부, 방통위) -학교폭력 예방 교육을 통한 학생의 건전한 인성 함양(교육부) -심성 순화 및 준법의식 향상을 위한 법 교육(법무부) -자연과 더불어 살기 위한 환경교육 활성화(교육부, 환경부) -정서적 안정과 감수성 함양을 위한 산림교육(산림청) -생명의 소중함을 배우는 동물보호교육(농림축산식품부) -청소년의 지역사회 참여를 통한 인성 함양(교육청, 학교)
2. 인성교육 친화적 학교 환경 조성	1) 민주적 학교 문화 조성 -학생이 기획하고 실천하는 학생자치 확산(교육부, 교육청, 학교) -학부모회 설치 및 운영에 관한 법적·제도적 기반 마련(교육부) 2) 소통·배려·존중하는 학교생활 -공동체 활동 및 또래 활동을 통해 비폭력·상호 이해와 존중 문화를 확산하고 학생 주도적 언어문화 인식 제고 및 언어폭력 예방 활성화(교육부, 문체부)

구분	과제 내용
	-학생 주도의 자율적 사이버폭력 예방 활동 활성화를 통해 폭력 인지 감수성 향상 및 단위학교 사이버폭력 예방 역량 강화(교육부, 방통위, 문체부, 여가부) -장애 학생·다문화 학생 인권 보호 및 존중 문화 조성(교육부) -교사·학생 상호 간 소통에 바탕을 둔 교육 활동 존중 문화 조성(교육부)
3. 가정 · 지역 사회와 함께하는 인성교육	1) 가정에서의 인성교육 지원 -학부모의 자녀 인성교육 역량 강화(교육부, 교육청, 학교, 방통위) -가족 친화적 사회 환경 조성(전 부처) 2) 지역사회 참여 활성화 -학교와 가정, 지역사회가 참여하는 인성 친화적 교육 환경을 조성하기 위해 "시·도 인성교육진흥협의회" 등 지원체계 구축·운영(교육청) -민간의 사회적 공헌, 마을의 교육 참여를 통한 인성교육 환경 조성(교육부, 여가부, 농림축산식품부)
4. 제도 및 평가 · 환류 절차 개선	1) 인성교육 관련 법령 정비 2) 인성교육 정책 평가·환류 절차 정비 -인성교육 추진성과 및 활동평가 -인성교육 실태조사 -학생 인성 검사 도구 정비

출처: 교육부(2020), 제2차 인성교육 종합계획. http://www.moe.go.kr
밑줄 설명: 실선(___)- 개선된 추진 과제, 점선(……)- 신규 추진 과제,
　　　　　밑줄 없음- 2015년부터 지속해온 추진 과제

(4) 제도 및 평가·환류 절차 개선

① 인성교육 관련 법령 정비의 추진이다. 인성교육진흥을 위한 법적 기반의 적절성·효과성·현장 적합성을 제고하기 위해 인성교육진흥법 시행령과 시행규칙을 정비하도록 한다.

② 인성교육 정책 평가·환류 절차 정비의 추진이다. 이를 위

해 인성교육 추진성과 및 활동평가, 인성교육 실태조사, 학생 인성검사 도구 정비가 요구된다.

이상을 종합해보면 2021년부터 적용되는 제2차 인성교육 종합계획은 교육부를 비롯한 유관 부처, 시도교육청, 학교, 가정 그리고 지역사회의 협력적 역할이 강조됨을 알 수 있다. 또한 추진 과제 가운데 인성교육 프로그램 개발 및 인증제 운영, 주제별 인성교육의 활성화 및 체계화, 교원의 자발적인 인성교육 역량 강화 지원, 학생이 기획하고 실천하는 학생자치 확산, 학부모의 자녀 인성교육 역량 강화, 지역사회 참여 활성화에 대한 개선이 주목된다.

특히 학교와 가정 그리고 지역사회가 참여하는 인성 친화적 교육 환경을 조성하고자 교육청은 시·도 인성교육진흥협의회 등의 지원체계를 구축 및 운영한다. 또한 민간의 사회적 공헌, 마을의 교육 참여를 통한 인성교육 환경 조성도 이루어지게 된다. 이를 통해 초등학생들을 위한 다양한 활동들이 활성화되고, 지역사회가 참여하는 기회가 확대됨으로써 궁극적으로 지역사회의 인성교육 기능 회복이 기대된다고 하겠다(교육부, 2020).

2. 우리나라 전래놀이

1) 전래놀이의 의미

전래놀이는 예로부터 전해 내려오는 모든 놀이를 지칭한다. 이는 현대놀이와 대립되는 개념으로 민간에 의해 전승되어 오는 역사성, 고유성, 전통성, 지속성을 지닌 놀이를 말한다(김종필, 2005). 이에 전래놀이는 역사성과 전통성을 떠나서는 생각할 수 없어 지속성을 갖지 못하거나 민족문화로서 고유성을 갖지 못할 때는 그 의미를 상실한다. 또한 과거로부터 오늘에 이르기까지 민간에 전승되면서 향토색을 지니는 놀이도 있어 몇몇 전래놀이는 해당 지역의 문화적, 환경적 특성에 따라 조금씩 다르게 행해지고도 있다(박혜선, 2013).

전래놀이와 유사하게 사용되는 용어로는 전통놀이와 민속놀이가 있다. 사실상 전래놀이는 전통놀이보다 상위의 포괄적 개념이다. 전통놀이 역시 옛날부터 민간에서 전승되어 온 놀이이다. 특별히 해마다 행하는 놀이를 뜻하며 놀이의 원형이 생성되면서 그 골격을 지닌 놀이로 정의된다(박선희, 2011). 이러한 전통놀이는 조상의 슬기와 얼이 담겨 있는 세시풍속, 구비전승, 민간신앙, 생활철학과도 맞물려 있고 민족의 역사, 문화의 발전과 함께 생성, 전승되어 온 것이다(김상규, 2018). 또한 그 나라의 지역적 조건, 계절이나 기후, 정신적·물질적 특징을 반영하여 민중들 사이에 면면히 이어져 온 놀이라고 할 수 있다(이기숙 외, 2010).

이와 같은 전통놀이는 다시 민속놀이와 궁중 놀이로 세분된다. 여기서 민속놀이는 왕족들이 즐겼던 궁중 놀이에 상대되는 개념이다. 이는 민간에서 자생적으로 발전한 놀이 형태로 주로 생활 속에서 즐기던 것이다. 지역이나 민족의 문화가 집약된 민속놀이는 오랫동안 전해 내려오면서 복잡한 것은 사라지고 새로운 것이 덧붙여 보완되면서 현재의 놀이로 남게 된 것이다(권경섭, 2013). 일반적으로는 전통놀이의 본질이 민속놀이에 그대로 담겨 있다(김옥경, 2019). 이로 보면 민속놀이 < 전통놀이 < 전래놀이로 개념을 포괄한다고 하겠다.

오랜 세월을 거쳐 전래놀이는 이 지역에서 저 지역으로도 이어져 왔고 놀이가 전해지는 동안 사람들의 마음속에 바람직한 놀이로 여겨져 누구나 즐길 수 있는 것이 되어왔다. 이는 과거에서부터 현재로 이어져 온 전래놀이가 다시 후대로 계승될 만한 가치가 있음을 말해준다(이재선, 2002).

한편 전래놀이는 그 놀이를 이행하는 주체에 의해 수정되거나 보완되기도 한다. 오늘날의 현대놀이도 하나의 형태로 정착되어 일정한 시기를 거쳐 후대에 계속된다면 전래놀이가 될 수 있다(윤정희·나귀옥, 2003; 박선희, 2011). 그러나 전래놀이는 과거의 놀이를 원형 그대로 보전하는 것만 중요한 것이 아니라 시대 상황과 필요에 의해 재구성되고 재창조될 수 있어야 한다. 그러므로 옛 방식만을 고수하기보다 최소한의 원칙론적 의미를 지닌 놀이의 자유성을 확보해야 그만큼 놀이의 전승 의의가 이어진다고 하겠다(장장식, 2009; 정영혜, 2019).

2) 전래놀이의 가치

한 민족의 전통을 이끌어갈 후세는 바로 아동들이며 그들은 사회문화적 환경의 영향을 받는 존재이다. 아동들에게 현재 그들의 삶의 양식과 조화를 이루는 형태의 전래놀이를 경험할 수 있는 기회를 제공하고 이를 통해 민족의 전통적인 가치와 태도를 오늘의 삶 속에 이어가도록 해야 한다. 이는 다음과 같은 문화적, 교육적 측면의 가치를 지닌다(이은화 외, 2001; 현지애, 2007).

(1) 문화적 가치

전래놀이는 오랜 세월 동안 이전 세대에서 이후 세대로 전해져 왔고 절기에 따른 세시풍속과 함께 연관되어왔다는 점에서 집단의 결속과 유지에 기여한다. 전래놀이를 통해 각 구성원은 해당 공동체의 일원으로 사회화되기 때문이다(임동권 외, 1989; 임동권, 2000). 즉 전래놀이라는 형태를 빌어 그 사회가 기르고자 했던 신념을 담고 있는 하나의 문화프로그램으로 삶에 대한 전통적인 가치를 공유하게 되는 것이다(이현정, 2013). 이로 보면 전통생활문화의 일환(최철영, 1999)으로 전래놀이는 조상들의 얼과 슬기가 스며 있고 이를 통해 공동체 의식과 문화를 계승, 발전하는 것이라고 말할 수 있다.

전래놀이를 통해 국민 화합의 분위기를 이끄는 공동체 활동을 배우게 되며, 놀이에 필요한 도구를 마련하는 과정에서 지식과 기능을 연마함으로써 공동체 의식의 강화를 가능하게 한다(유안진, 1993; 현지애, 2007).

아동들의 전통문화 함양이나 이해에 미치는 전래놀이 교육의 영향 연구(하태오, 2003; 김나경, 2016)를 살펴보면 전래놀이는 우리 고유의 민족성과 관련이 깊은 보편적이고 대중적이면서도 한국인만이 가질 수 있는 독특한 정서를 내포하고 있어 전래놀이를 체험하는 것은 그 속에 담겨 있는 민족문화의 정신은 물론 민족의 정체성을 정립할 수 있는 계기가 됨을 알 수 있다(이행주, 2002). 구체적인 예로 전래놀이를 하면서 자연스럽게 흥얼거리는 동요, 수수께끼나 끝말을 이어가는 놀이는 우리의 언어를 활용하는 문화환경을 제공한다.

(2) 교육적 가치

전래놀이는 교육대상에 맞게 놀이를 선택할 수 있고 일부 변형도 시킬 수 있어 교육현장에 적합하다. 유안진(1981)은 우리나라 고유의 전래놀이는 아동의 발달단계에 따라 다르며, 다음 단계의 발달을 자극하고 촉진하는 교육적 목적이 깃들어 있다고 보았다. 이은화 등(2001)은 전래놀이의 경우 놀이를 하는 사람의 나이, 성별에 따라 놀이를 선택할 수 있고, 사람의 수에 따라 놀이 방법과 절차를 조절할 수 있으며, 놀이의 목적과 내용 그리고 계절에 따라서도 자유로이 변화를 줄 수 있다고 하였다. 이에 전래놀이의 교육적 가치를 정리해보기로 한다.

① 전래놀이를 통해 대근육과 소근육을 움직이는 동적인 활동을 하게 되면 근육도 튼튼해지고 눈과 귀, 손과 발의 협응 등 신체 발달을 도모한다. 전래놀이가 신체적 측면에서 초등학생의 체력 향상이나 신체적 효능감(윤주심, 2002; 이복주, 2003; 지봉근, 2003; 이시형, 2005; 김경철, 2006; 박춘길, 2006) 혹은 민속놀이 참여가 초등학생의 체육수업 참여 태도에 미치는 영향(김준호, 2010; 권경섭, 2013)에 관한 연구가 이루어진 바 있다.

② 친구들과 전래놀이를 진행하면서 정서적인 편안함과 친근함, 재미와 즐거움을 느끼며 성취감과 만족감 그리고 자신감도 증진되는 경험을 하게 된다. 또한 현실 세계에서는 실현할 수 없는 욕구를 전래놀이를 통해 일부 해소하고 긴장을 완화하며 상상의 세계를 경험하게 된다(이홍재, 2016; 정영혜, 2019). 이는 전래놀이가 초등학생의 감성 지능(반민주, 2010)이나 정서 지능(변혜영, 2005; 이주희, 2009; 김미자, 2011)에 미치는 유의미한 영향을 검증한 연구를 통해서도 확인이 된다.

③ 전래놀이는 사물을 관찰하고 탐구하게 되며 자기 생각을 표현하고 조절하면서 지적인 활동 측면에도 유익하다. 또한 전래놀이를 통해 숫자, 시간과 공간, 부분과 전체, 원인과 결과의 개념을 익힘으로써 논리 수학적, 과학적 사고를 키우게 된다. 이와

더불어 놀이도구를 아동이 직접 만들어 즐기는 전래놀이 활동은 재료를 찾아 제작하는 과정을 통해 여러 가지 모양을 시험해보고 새로운 방법을 모색하는 창의성 발달을 촉진한다. 이와 관련해 전래놀이를 통한 초등학생의 창의성(이경숙, 2002; 김미자, 2011)이나 학습 신장(김상규, 2018) 측면의 활용 연구가 있다.

④ 전래놀이는 경쟁, 양보, 질서, 공정성, 규칙준수 등을 경험하여 사회성을 학습하게 된다. 놀이를 위해 구획되는 공간에는 그에 적용되는 규칙과 질서가 존재해 이를 습득하게 되는 것이다. 사회성 측면에서 전래놀이가 초등학생의 응집력과 대인관계(박요찬, 1998; 김희열, 2002; 이행주, 2002; 곽재선, 2004; 김기자, 2004; 김종필, 2005; 임정화, 2007; 심보영, 2011; 박지연, 2013; 이홍재, 2016)에 미치는 영향을 분석한 연구가 이를 반영한다.

3) 전래놀이의 분류

전래놀이에 대한 분류는 관점과 기준을 어떻게 정하는가에 따라 여러 방법으로 이루어질 수 있다. 예를 들어 장소(예: 실내/실외 놀이), 계절(예: 봄/여름/가을/겨울/사계절 놀이), 세시풍속(예: 설날/단오/추석 놀이 등)에 따라 세분할 수 있다. 한편 이은화 등(2001), 이상호(2018), 문예담(2019)은 놀이가 전개될 때 지속적으로 작용하는 원리 즉 전래놀이의 중심요소에 따라 다음과 같이 분류하였다.

(1) 놀잇감 놀이

놀잇감 놀이는 놀이도구가 중심요소로 작용하여 행해지는 놀이를 말한다. 대표적인 놀잇감으로 제기차기 놀이의 제기, 공기놀이의 공깃돌처럼 대부분 형태가 작지만 가마 놀이[3]의 가마처럼 큰 경우도 있다. 놀이에서의 역할도 비사치기의 비석처럼 놀이 전반에 걸쳐 비중이 큰 것도 있고, 가락지 찾기[4]처럼 단순히 매개역할을 하는 것도 있다. 그러나 형태의 대소(大小), 역할의 경중(輕重)에 관계없이 놀이도구가 놀이에서 중심요소로 작용하는 점은 같다. 일반적으로 놀잇감은 손에 잡히는 작은 규모의 놀이도구 또는 장난감이라는 인식이 전제되어 있다. 그러나 넓은 의미에서 보면 크기를 떠나 놀잇감이 놀이를 지속하게 하는 도구로 작용하는 점에서 그네뛰기의 그네, 널뛰기의 널과 같은 기구도 놀이를 지속시키는 중심요소가 된다면 이를 놀잇감 놀이로 볼 수 있다.

한편 호드기 불기[5] 놀이의 버드나무 줄기나 실뜨기의 실처럼 한 가지만 이용되는 것과 연날리기, 널뛰기, 자치기, 팽이치기,

---

3) 가마 놀이는 아동들이 가마를 가지고 다른 서당의 아동들과 겨루는 놀이이다. 가마는 나무로 높이 1m, 길이 1.7m, 가로 1.2m로 만들어 네 바퀴를 단다. 또한 각자의 서당을 상징하는 깃발을 만든다. 추석날 넓은 마당에 모여 접장(接長)의 지시에 따라 양편의 가마끼리 부딪치게 하거나 상대의 가마를 발로 차서 부수며 깃발을 빼앗는데 가마가 부서지거나 깃발을 뺏기면 지게 된다.

4) 가락지 찾기는 술래를 가운데 두고 열 명 정도가 둘러앉은 후 가락지를 옆 사람에게 돌리며 노래를 부른다. 이때 가락지를 무릎 아래나 치마 아래로 돌리는데 방향은 상관이 없다. 노래가 끝나거나 술래가 '끝'이라고 하면 멈춘다. 술래가 가락지를 가지고 있는 사람을 찾으면 술래가 바뀌고 못 찾으면 다시 술래를 한다.

5) 호드기 불기는 물이 오른 버드나무나 미루나무 등 주변에서 쉽게 구할 수 있는 가느다란 줄기를 납작하게 눌러 입에 대고 불면서 노는 것이다.

투호 놀이, 활쏘기[6]와 같이 두세 가지 재료가 어우러져 놀잇감이 되는 것도 있다. 이런 놀이는 중심 도구가 그대로 놀이의 이름이 되는 경우가 대부분이라는 점에서 나머지 도구는 부차적인 역할을 한다고 본다.

말판 놀이는 놀잇감이 놀이판과 만나 새로운 방식으로 전개되는 형태이다. 대표적인 것으로 고누, 바둑, 장기를 들 수 있다. 고누판의 말은 어느 위치에 놓이냐에 따라 다른 비중을 갖는다. 놀이판 밖에서는 한 개의 작은 돌이지만 놀이판 위에서 새로운 의미를 갖게 되므로 일반 놀잇감 놀이와 구분된다.

다음으로 놀잇감 놀이를 자연물과 인공물로 나누어 재료, 제작자, 제작 방법을 중심으로 특징을 살펴보기로 한다.

① 자연물을 활용한 놀잇감

전래놀이 가운데 아동의 놀잇감은 나무, 풀, 돌, 짚 등 자연물을 이용한 것이 많다. 전통사회에서는 집 근처에 논밭이 있고 시냇물이 흐르고 조금만 벗어나도 산과 들이 펼쳐져 자연물이 주변에 널려 있었을 것이다. 항상 가까이에서 보고 만지는 가운데 터득한 자연물의 특성을 최대한 살펴 놀잇감으로 활용하거나 약간 가공해서 제작을 했던 것이다.

자연물을 사용한 놀이는 대부분 실외에서 이루어지며 대·소근육, 운동 기능, 민첩성, 공간개념 등을 자연스럽게 단련하게 함

---

6) 활쏘기 놀이는 어른이 사용하는 정식으로 만든 활이 아니라 대나무나 싸릿대로 활과 화살을 만들어 누가 멀리 보내는지 또는 일정한 거리에 과녁을 정해 놓고 맞추면서 노는 것이다.

으로써 특히 신체 발달과 사회 정서적 발달에 도움이 된다.

자연물을 활용하는 놀잇감은 다시 세 가지로 세분할 수 있다. 첫 번째는 자연물을 가공하지 않고 원형 그대로 사용하는 놀잇감으로 눈싸움, 풀싸움 놀이[7], 쥐불놀이, 죽마 놀이[8]처럼 자연물을 이용해 즉석에서 놀이를 전개하는 것이다. 또한 그림자놀이 역시 자연물 자체를 사용하는 놀이에 해당한다. 이는 해와 달에서 나오는 빛의 명암을 이용해서 손이나 몸으로 인물의 형태나 동작을 흉내 내는 것이다. 자연물 자체를 활용하는 놀이는 목적과 재미를 위해 얼마든지 융통성 있게 자연물을 조작할 수 있다.

두 번째는 자연물을 수집한 뒤 약간의 가공을 함으로써 놀이에 적합하도록 만드는 것이다. 자연물을 정밀하게 가공하면 할수록 더 재미있게 놀이를 할 수 있다. 이를 위해 아동 스스로 자연물을 수집해 직접 가공할 수도 있고 주변 사람의 도움을 얻을 수도 있다. 이와 같은 놀이로는 공기놀이, 산가지 놀이, 비사치기, 과녁 맞추기, 장치기[9], 줄다리기, 줄넘기, 풀각시 놀이 등이 있다. 이 가운데 공기놀이는 공중으로 던진 돌이 바닥에 떨어지기 전에 엄지와 검지로 바닥에 있는 돌을 하나 잡고 공중으로 던진 돌을 받아내야 한다. 또 공중으로 던진 여러 알의 공기를 손등에 받아 얹고 다시 공중으로 던진 다음 손바닥으로 감싸 쥐어야 한다. 이러

---

7) 풀싸움 놀이는 오랑캐꽃을 모아 줄기를 치면서 머리 부분을 부러뜨리는 시합을 하는 것이다.

8) 죽마 놀이는 대말 타기라고도 하는데 대나무나 긴 막대기를 다리 사이에 끼워 올라타고 왔다 갔다 하면서 노는 것이다. 여러 명의 아동들이 줄지어 다니기도 하고 일정한 곳을 정해 돌아오는 겨루기를 하기도 한다.

9) 장치기는 나무 공을 나무 채로 멀리 치거나 골문에 넣는 놀이이다.

한 손동작을 성공적으로 수행하기 위해서는 아동의 손이 자유자재로 조절할 수 있는 공깃돌이 있어야 한다. 따라서 아동은 작은 돌멩이를 수집하여 손에 쥘 정도의 크기로 깨뜨리고 모가 난 것은 단단한 바위에 문질러 둥글림으로써 적합한 모양과 크기의 공깃돌을 확보하게 된다. 풀각시 놀이의 경우 타원형의 얼굴이나 원통형의 몸통을 만들기 위해 풀을 묶은 뒤 뒤집거나 말아서 묶어야 한다. 이때 풀이 꺾이지 않도록 하려면 풀을 물에 살짝 데쳐 유연성과 탄력성을 부여한다. 이러한 놀잇감은 아동의 개인 기량을 펼칠 수 있도록 형태, 길이, 색깔, 촉감 등을 자유롭게 선택하고 가공할 수 있다는 점에서 융통성이 크다.

　세 번째는 주변에서 볼 수 있는 자연물을 재료로 쓰되 어른이 제작해주는 놀잇감이다. 이러한 놀잇감을 만들려면 적합한 재료를 선별해야 하고 안전사고를 유발할 수 있는 도구를 사용해야 하므로 아동이 혼자 제작하기는 어렵다. 어른도 놀잇감을 잘 만들려면 어느 정도 전문성과 경험을 갖고 있어야 한다. 예를 들어 썰매는 널빤지에 썰매의 길이만 한 발 날을 만들어 붙여야 하는데 발 날은 참대를 깎아서 만들거나 쇠줄로 만든다. 얼음을 지치는 조황이는 나무 끝을 뾰족하게 깎거나 철사로 만들거나 나무로 만든 송곳 끝에 못을 박기도 한다. 이러한 놀이를 성공적으로 완수하기 위해서는 놀잇감의 성능이 좋아야 한다. 따라서 놀잇감의 기본 골격은 유지하되 부분적으로 새롭고 다양한 시도를 하게 된다. 놀잇감을 제작하는 동안 어른은 아동에게 놀잇감의 특성과 사용법 그리고 안전지도를 했을 것이다. 아동은 제작 과정을 관찰하며 심부름을 하고 궁금한 점을 알아가는 가운데 지식과 경험을 쌓게 되어 전래놀이의 문화적 계승과 발전의 기초를 다질 수 있던 것이다.

② 인공물을 활용한 놀잇감

전래놀이 중에는 목적과 규칙이 정립되어 조직화 된 놀이가 있다. 이러한 놀이에 사용되는 놀잇감은 특별히 고안·제작된 것이므로 인공물의 범주에 들어가며 자연물에 비해 수가 적은 편이다. 이들 놀이는 대부분 두뇌 싸움을 통한 겨루기라고 볼 수 있다. 즉 이기기 위해 전략을 짜야 하고 상대의 능력과 성향을 파악해야 하며 규칙을 엄격하게 지켜야 하는 놀이인 것이다. 이러한 놀이는 아동의 인지발달이나 도덕성 발달에 많은 도움이 된다.

인공물로 분류되는 놀잇감은 두 가지로 대별할 수 있다. 첫 번째는 일정한 규칙에 의거해 판에 말을 놓아 승패를 겨루는 일종의 게임용 놀잇감이다. 자연의 원리나 사회의 관직 제도를 본떠 만든 판 위에 제시되어 있는 여러 개의 길 중 일관성 있는 규칙에 따라 가능한 곳으로만 말을 놓아 움직여야 한다. 판 게임에 이기기 위해서는 끊임없이 판의 흐름을 읽고 상대의 전략을 추론하는 가운데 자신의 말을 배치 또는 재배치해야 한다. 예를 들어 고누놀이[10]나 오목 놀이가 이에 속한다.

두 번째는 사물을 조합해서 형태를 만들거나 변형시키는 놀잇감이다. 편을 짜서 일정한 시간 내에 주어진 과제를 완성하는 놀이로 진행하는데 대표적으로 칠교놀이를 들 수 있다. 놀이에 사용되는 칠교판은 사방이 10cm쯤 되는 얇은 나무판을 큰 삼각형 2개, 중간 크기 삼각형 1개, 작은 삼각형 2개, 마름모형 1개, 정방형 1개로 잘라낸 것으로 총 7개로 구성되어 있다. 놀이 방법은 다양한 그림이 그려진 칠교도를 보고 그림대로 맞추는 것이다.

이상과 같은 놀잇감 놀이는 다른 놀이와 달리 구체적인 사물이 있어서 전승력이 강하다. 봄에 길가의 버드나무를 보면 호드기가 떠오르고 마루 밑 썰매는 썰매 타기를 떠올리게 한다. 또한 주변의 사물을 가지고 어떻게 하면 재미있게 놀 수 있을까의 생각이 구체화 되면 놀잇감이 생겨나므로 종류나 소재도 다양할 뿐 아니라 창의적이기도 하다. 특히 자연물 놀잇감은 그 재료의 특성을 파악하여 이를 활용한 것들이 많다. 버드나무에 물이 오르면 줄기의 껍질이 잘 벗겨진다든가 풍뎅이[11]를 뒤집어 놓으면 일어나려고 발버둥 치면서 주변에 바람을 일으킨다는 것은 대상의 특징을 잘 알고 이를 놀이화한 것이다.

놀잇감을 가지고 놀다 보면 손 사용 능력이 길러지고 이는 곧 두뇌발달과도 연관된다. 놀잇감 놀이가 오랫동안 지속되어 온 것

---

10) 고누놀이는 땅·나무·돌 등에 놀이판을 새겨 넣고 자신의 말을 움직여 상대의 말을 움직이지 못하게 하거나 잡아서 승패를 가르는 것이다.

11) 풍뎅이 돌리기 놀이에서 풍뎅이를 젖혀 놓고 손바닥으로 땅을 치며 "앞마당 쓸어라, 뒷마당 쓸어라" 하고 노래 장단을 맞추면 풍뎅이가 요란하게 날갯짓을 하며 바닥을 돌게 된다. 내기를 할 때는 더 오래 돌게 하는 쪽이 이기게 된다.

은 인간이 생존하기 위한 준비로 도구 사용 능력을 기르는 데 유용했기 때문이다. 이는 현대에 이르기까지 많은 수의 놀잇감 놀이가 존재하고 전승되는 이유이기도 하다.

(2) 맨몸놀이

모든 놀이는 구체적인 행위를 통해 이루어진다는 점에서 보면 맨몸놀이이다. 그러나 맨몸놀이를 따로 구분하는 것은 다른 행위와 구분되는 특징적 활동을 중심으로 하는 일련의 놀이 군(群)이 있기 때문이다. 즉 이동능력이나 신체조정능력이 요구되는 놀이로 이러한 능력은 다른 놀이를 하는 근간이 된다.

동물과 식물의 구분은 이동이 가능한가에 달려 있다. 그런데 인간은 동물들과는 달리 태어나면서부터 이동능력을 발휘하지는 못하고 자라면서 학습을 통해 익혀야 한다. 물론 인간의 신체기관은 직립할 수 있도록 진화했지만 태어나자마자 바로 저절로 서는 것이 아니라 반복 훈련을 통해 배워야 한다. 이처럼 인간의 이동능력은 단시간에 획득되지 않고 신체의 성장과 맞물려 반복 연습을 필요로 한다. 대부분의 놀이가 이동능력, 신체조정능력과 직간접적으로 연결되어 있는 까닭은 이러한 능력을 반복해 연습하는 의미를 지닌다. 이를 가장 구체적이고 직접 구현한 놀이가 맨몸놀이인 것이다.

맨몸놀이는 세 가지 형태로 분류할 수 있다. 첫 번째는 숨고 찾는 형태의 놀이로 편을 나눠서 하는 것과 술래를 정해서 하는 경우가 있는데 후자의 경우가 보편적이다. 예를 들어 숨바꼭질은 넓은 공간에서 전개되며 주변의 조형물을 적극 활용하는 특징이 있다.

두 번째는 쫓고 쫓기는 형태의 놀이로 술래를 정해서 하는 것과 편을 나누어 하는 것이 있다. 대표적으로 까막 잡기[12]는 술래를 정해서 진행되며 진 치기[13]나 가마 타기[14]는 편을 나누어 전개가 된다.

세 번째는 힘겨루기 형태의 놀이로 신체를 이용하는 능력을 겨루는 씨름을 들 수 있다. 힘겨루기 놀이에서 씨름이 어미(語尾)로 쓰이는 말은 1:1로 겨루는 형태가 대부분이다. 손 씨름, 손바닥씨름, 팔씨름, 다리씨름, 돼지 씨름[15], 토끼 씨름[16] 등이 여기에 해당한다.

---

12) 까막 잡기는 눈을 가린 술래가 다른 사람들을 잡는 놀이이다.

13) 진 치기 놀이는 아동들이 양편으로 나누어 나무나 바위를 진(陳: 진영)으로 삼고 서로 상대편을 잡아 오거나 진을 빼앗는 것이다.

14) 가마 타기는 두 명의 아동이 마주 보고 팔로 우물 정(井) 자 모양의 가마를 만든 후 다른 한 명이 그 가마를 타고 다른 가마와 겨루는 놀이이다.

15) 돼지 씨름은 아동 두 명이 쪼그리고 앉아 발목을 잡은 채로 뒤뚱뒤뚱 움직여 상대를 밀어 쓰러뜨리는 놀이이다. 돼지처럼 동작이 부자연스러운 상태에서 하는 씨름이라고 해서 돼지 씨름이라고 부른다.

16) 토끼 씨름은 두 명의 아동이 등을 마주 대고 서서 교대로 몸을 숙였다 폈다 하면서 밀어 쓰러뜨리는 것이다.

(3) 역할놀이

역할놀이는 가상의 상황 속 인물의 역할을 수행하는 놀이이다. 역할놀이가 성립하기 위해서는 현실이 아닌 가상이 전제가 되어야 하고 가상의 상황에서 역할을 맡는 사람이 있어야 한다. 이와 같은 역할놀이 자체가 갖는 교육의 효과는 의도성이 가미되지 않은 상태에서 자연스럽게 이루어진다. 예를 들어 소꿉놀이는 처지를 바꿔 생각할 수 있는 교육적 효과를 얻게 된다.

특정한 인물을 모의하는 엄마 놀이의 경우 엄마, 아기, 아빠의 역할을 정하고 각자가 자신이 맡은 역할을 해야 놀이가 유지된다. 줄거리를 갖고 이를 모의하는 포수놀이에서는 왕, 포수, 동물들의 역할이 있을 때 포수가 왕 역할을 하면 놀이가 진행되지 못한다. Vygotsky(1896~1934)는 모든 놀이에는 규칙이 있는데 역할놀이의 경우 상상적 상황이 곧 규칙이라고 하였다. 즉 합의된 상상의 상황에서 벗어나면 규칙이 무너지므로 놀이가 지속되지 못한다는 것이다.

역할놀이는 크게 두 가지 형태로 분류할 수 있다. 하나는 인물 역할놀이로 큰 테두리만 정해진 상태에서 각자 맡은 역할에 따라 놀이가 전개되는 형태이다. 소꿉놀이, 풀각시 놀이[17]가 여기에 해당한다. 인물 역할놀이는 사물의 가작화(假作化)가 일어나기도 하는데 사람이 아니라 주변 사물이 바뀌는 특징이 있다. 예

---

17) 풀각시 놀이는 각시 방을 만들고 여기에 이부자리, 베개, 병풍도 만들어 꾸미고 풀로 만든 인형으로 시집장가가는 흉내를 내는 것이다.

를 들어 소꿉놀이의 경우 병뚜껑이 오늘은 밥그릇이 되었다가 다음날은 접시가 되기도 한다. 이러한 인물 역할놀이는 아동이 경험한 것에서 크게 벗어나지는 못한다. 대표적으로 과거에는 집에서 혼례가 이루어졌기 때문에 가끔이지만 그것이 기억으로 남아서 여아들 사이에 풀각시 놀이가 많이 행해졌다. 역할놀이는 현실에서 실현 불가능한 것을 표현하는 면에서 각시가 되고 싶은 욕구의 표출인 것이다.

또 다른 형태는 상황 역할놀이로 누가 어떤 인물을 맡느냐에 따라 줄거리가 달라질 가능성이 있고, 그 줄거리 안에서 각자 주어진 역할을 전개하는 것이다. 예를 들어 군수가 백성의 소송에 응해 재판을 하는 상황을 흉내 내는 군수 놀이에서는 군수, 원고, 피고처럼 줄거리 안에서 자기의 역할에 따라 놀이가 이루어진다. 상황 역할놀이는 놀이를 하는 아동들끼리 줄거리가 공유되어야 하고 상황을 규정하는 사회적 규범이나 각자의 역할에 대한 포괄적 이해가 선행되어야 한다. 조조 잡기,[18] 도둑 잡기[19] 등이 여기에 해당한다.

이 두 가지 형태 중 인물 역할놀이는 경험의 틀을 벗어나기

---

[18] 조조 잡기는 작은 종이에 『삼국지(三國志)』에 나오는 영웅의 이름 즉 유비, 관우, 장비, 조자룡, 조조의 이름을 써놓고 아동들이 제비를 뽑아서 조조를 잡아 벌을 내리는 모의를 하면서 노는 것이다.

[19] 도둑 잡기 놀이에서는 순서를 정해 임금 한 명, 대신들, 백성들, 개 등의 역할을 정하고 마지막 남은 한 명을 도둑으로 정한다. 백성들은 자는 척을 하고 도둑은 솥을 훔친다. 이때 개가 맹렬하게 짖으면서 임금에게 도둑이 들었음을 알린다. 임금은 대신들과 함께 도둑을 잡아 죄의 경중에 따라 처벌을 하는데 될 수 있는 대로 부드럽게 충고한 후 추방을 한다는 줄거리로 엮어진다.

어려워 영역을 확장하지 못하는 한계가 있다. 따라서 아동의 연령이 높아질수록 놀이 전개에 단조로움을 느껴 자연스럽게 상황 역할놀이로 발전을 한다. 상황의 설정은 아동의 경험도 중요하지만 어른에게서 들은 것도 포함되므로 영역이 무한대로 확장될 수 있다. 그러나 놀이 조건이 열악해지면 가장 먼저 없어지거나 축소되는 놀이가 상황 역할놀이이며 오래도록 남아 있는 것은 인물 역할놀이이다. 후자가 더 오래 지속되는 이유는 교육적 존재일 수밖에 없는 인간의 특성과 연관되기 때문이다. 즉 누군가를 모방하면서 자신의 역할을 배워나가야 하는 필요를 인물 역할놀이가 충족시킬 가능성이 큰 이유에서이다.

인간은 살면서 맞닥뜨린 상황에 따라 각기 다르게 대응을 한다. 자신의 판단이 기대에 부응하거나 그렇지 못함은 다른 사람들이 자신을 어떻게 생각하느냐에 대한 관념적 인식을 만들어낸다. 이를 조정하여 내면화시키는 것이 인간관계의 기본이 되는 것이다. 따라서 역할놀이는 아동이 자신에게 다가올 다양한 상황을 어떻게 수용하거나 거절할 것인가를 경험하고 시행착오를 거쳐 조정할 기회를 갖게 된다는 점에서 의의가 있다.

(4) 노래 놀이

노래 놀이는 노래와 놀이가 결합하여 전개되는 것이다. 즉 노래에 동작이나 춤이 어우러져 하나의 놀이를 이룬다. 여기서 노래와 춤은 놀이의 재미를 더할 뿐 아니라 놀이에 규칙이나 행동을 정해주기도 한다. 이와 같은 노래 놀이는 두 가지 형태로 구분해볼 수 있다. 첫 번째는 노래춤놀이로 노래와 춤이 어우러져 놀이를 행하는 것이다. 강강술래나 고사리꺾기[20]와 같은 대동(大同) 놀이가 이에 해당한다.

두 번째는 노래동작놀이로 다리 세기,[21] 손뼉치기[22]와 같이 춤은 없고 노래와 간단한 몸동작이 놀이의 중심요소로 작용하는 형태를 말한다. 그러나 놀이 중에 노래가 있다고 모두 노래 놀이라고 말할 수는 없다. 예를 들어 손뼉치기 놀이를 할 때 노래와 동작 중 어느 한쪽이 없을 때 놀이가 가능한지 살펴보면 두 축이 서로 어울려야 비로소 하나의 놀이가 성립됨을 알 수 있다. 노래 없이 서로 손만 마주친다고 놀이가 되지 않고, 반대로 손은 놓아두고 노래만 하면 그것은 단지 노래일 뿐이다. 따라서 손뼉을 치는 행위와 노래가 어울려야 놀이가 될 수 있다.

노래 놀이는 경쟁이 부각되기보다는 서로 어울려 즐기는 양상

---

20) 고사리꺾기 놀이에서는 열 명 정도의 아동들이 손을 잡고 열을 지어 앉는다. 맨 앞사람이 먼저 일어나 손을 붙잡은 채로 자신의 왼손과 맞잡은 사람의 오른손 위로 넘어간다. 다음 사람이 일어서서 같은 방법으로 넘어간다. 이렇게 차례로 한 바퀴를 돌면 끝이 난다. 놀이를 하기 전에 문답(<아동 1> "고사리 캐러 갑시다", <아동 2> "나는 어제 고사리를 먹고 배탈이 나서 갈 수 없어."<아동 1> "그럼 좋아, 나 혼자 가지요")을 한다. 손을 넘어갈 때는 "고사리 대사리 껑자/나무 대사리 껑자/유자 꽁꽁 재미나 넘자/아장아장 벌이여"라고 노래를 부른다.

21) 다리 세기는 두 줄로 마주 앉아 서로 다리를 엇갈리게 뻗고 노래를 부르면서 다리를 손으로 치며 세어 간다. 그러다가 노래의 끝 글자에 손이 멈춰지는 다리를 오그리는데 오그린 순서에 따라 꼴찌가 된 사람이 벌칙을 받기도 한다. 노래로는 "이거리 저거리 각거리/견사 만사 주머니 끈/짝 벌려 새양강/목화밭에 독서리/구시월에 무서리/동지섣달 대서리"라고 부른다. 이와 같은 다리 세기를 할 때의 노래는 지역마다 다르다.

22) 손뼉치기는 두 명의 아동이 마주 보고 노래를 부르며 둘이 손동작을 맞추며 즐기는 놀이이다.

을 띤다. 여기에서 노래는 주로 흥을 돋우는 역할을 한다. 놀잇감 놀이가 놀잇감으로 인해 오래 기억되고 전해지는 것처럼 노래 놀이에서는 음률, 춤, 동작이 놀이를 지속시키는 요인으로 작용해 놀이와 함께 전승된다. 노래는 리듬과 내용의 함축성으로 인해 기억에 오래 남을 뿐 아니라 일종에 보이지 않는 놀잇감의 역할을 하며 전승력을 갖는다. 마찬가지로 춤도 일상적인 동작이 아니라 특정한 노래가 나올 때마다 그에 맞는 동작이 구현되면서 일정한 형식을 갖춰 전승력을 얻는다.

노래와 춤은 인간의 복합적인 정서를 표현하는 문화적 구성물이다. 언어가 직접적인 소통에 기여한다면 노래나 춤은 말로는 전달할 수 없는 어떤 정서나 심리상태를 전하는 데 유용하다. 노래의 가락이나 춤의 동작이 나라마다 다른 것은 그 나라의 역사성이 고유한 양식으로 갈무리되어 있기 때문이다. 강강술래를 할 때 부르는 노래나 춤에 참여하는 이들은 어려움을 함께 겪은 공동체라는 동질감을 갖는다. 이러한 정서는 몇 마디 말로 표현되기보다 함께 느껴야 전달이 되는 것이다. 따라서 노래 놀이는 인류의 역사와 함께 독자성을 유지하며 하나의 문화로 자리하고 있다.

(5) 운놀이

운놀이는 예측할 수 없는 상황을 결정하는 매개를 중심으로 전개되는 놀이이다. 운놀이는 다음과 같이 두 가지 형태로 분류

된다. 하나는 운을 결정하는 매개로 윷, 주사위, 윤목(輪木)[23] 등의 도구가 있는 경우의 운놀이이다. 이는 놀이가 전개됨에 있어 운이 놀이의 중심에 있다. 예를 들어 운을 측정하는 도구인 주사위는 놀잇감 놀이로 보이지만 놀잇감 운용이 운의 결과를 보기 위한 매개로 기능한다. 또한 주사위는 도구의 간편성과 안정적인 형태 그리고 결과의 명확성을 지닌다. 이러한 도구 운놀이에는 윷놀이, 승경도놀이,[24] 승람도 놀이,[25] 쌍륙[26] 등이 있다.

다른 하나는 알아맞히기나 가위바위보 손동작으로 진행되는 단순한 운놀이이다. 이와 같은 놀이는 경우의 수를 1/2 또는 1/3로 제한하는 경우가 많다. 그렇지 않으면 운을 측정할 범위가 넓어져 놀이로서 기능을 하지 못하기 때문이다. 가위바위보는 1/3이고, 손바닥을 위와 아래로 뒤집고 엎는 식의 하늘땅은 1/2이다. 손안의 구슬을 알아맞히는 경우 홀짝은 1/2이고 사과의 씨를 알아맞히는 경우 다섯 개 내외로 일정한 범위가 정해져 있기에 놀이가 될 수 있다. 마찬가지로 엿치기도 크거나 작은 1/2의 확률이다.

---

23) 윤목은 14면체의 목제 주사위에 글귀를 새겨 놓은 것이다. 사각형의 면이 6개, 팔각형의 면이 8개인데 이를 던져서 나오는 글귀대로 재미있게 행동해야 한다.

24) 승경도(陞卿圖)는 벼슬살이를 하는 도표라는 뜻을 지니고 있는데 종경도(從卿圖)라고도 한다. 이 놀이를 위해서는 관직과 서열이 적힌 놀이판과 윤목이 필요하다. 숫자가 새겨져 있는 윤목을 던져서 나온 끗수대로 관직이 높아지기도 하고 귀양을 가기도 해서 놀이를 하는 아동이 관직을 이해하도록 하는 교육적 목적을 지닌다.

25) 승람도(勝覽圖)는 명승지를 유람하는 도표라는 뜻을 지니고 있다. 윤목으로 해당 끗수에 따라 전국을 유람하는 놀이이다.

26) 쌍륙(雙六, 雙陸)은 두 편으로 나누어 각각 15개의 말을 갖는다. 2개의 주사위를 굴려, 나오는 끗수대로 판 위에 말을 써서 먼저 나는 편이 이기는 놀이이다.

단순 운놀이는 규모도 작고 놀이 시간이 짧은 반면 도구 운놀이는 상대적으로 규모가 크고 놀이가 끝날 때까지 걸리는 시간도 길다는 특징이 있다.

운놀이에서 운을 판단하는 주사위, 윷목 등은 인류 역사상 오래된 놀이도구이다. 그래서 놀이 방법과 활용되는 형태도 다양하다. 이러한 도구가 놀이에 차용된 것은 인간은 미래를 예측하지 못하기에 이에 대한 열망이 강한 것과 연관된다. 이 열망이 초기에는 주술의 형태를 띠다가 이후 놀이가 된 것이다. 중요한 일을 미리 알고 싶어 하는 인간의 욕구는 오늘날에도 지속되고 있다. 또한 운놀이는 인간의 사회생활과도 관련된다. 사회를 구성하는 것은 신분, 지위, 연령 등에 따른 고하(高下)가 존재하고 상대적으로 많은 사람들이 종속적인 관계에 놓일 수밖에 없다. 이와 같은 객관적인 사실은 인정해야 하지만 사회적 불평등을 부정하거나 벗어나려는 욕구의 출구로 운놀이가 문화적인 형태를 띠며 전승된 것이다. 운이란 결과를 예측할 수 없는 것으로 평등성을 전제한다. 가위바위보나 주사위 던지기의 결과는 알 수 없고 어떤 힘이 개입되기 어렵기 때문이다.

나아가 운놀이는 더 본질적인 가치도 찾을 수 있다. 예를 들어 윷놀이를 위해서는 윷, 윷판(말판), 말이 필요하다. 이러한 놀잇감들이 놀이에서 차지하는 비중은 조금씩 다르다. 가장 중요한 것은 윷이다. 놀이의 시작에서부터 끝까지 윷을 던져 나온 끗수에 따라 놀이가 진행되기 때문이다. 그러나 끗수만 가지고 놀이가 성립되는 것은 아니다. 윷을 던져 나온 끗수를 윷판의 말로 가시화해야 한다. 따라서 말과 윷판이 두 번째로 중요한 놀잇감이다. 이렇게 윷놀이는 운과 운용이라는 두 개의 중심이 조화롭게 서로의 영역을 보완하면서 어떻게 하면 이길까를 겨루는 놀이이다. 윷을 던져 나온 끗수는 전적으로 운이지만 이를 운용하는 것은 자신의 의지에 달려 있기 때문이다.

(6) 말놀이

인간은 말을 할 수 있는 유일한 존재이다. 말로 자기 생각이나 느낌을 표현함으로써 다른 사람과 소통할 수 있다. 또한 말을 통해 관습, 제도, 규범 등을 이해하게 되고 그 속에서 생활할 수 있다. 따라서 인간은 태어나면서부터 주변 사람들의 말 속에 있게 되고 자라면서 이를 배워 자신을 표현하고 세상으로 나갈 수 있다. 말놀이는 이와 같은 과정에서 중요한 매개인 셈이다.

말놀이는 말이 놀이의 시작과 전개에서 주도적인 역할을 한다. 장난스러운 말투, 반복 어구, 숨겨진 말 찾기(수수께끼), 새로운 말 만들기 등이 이행된다. 또한 특정한 동작이나 리듬이 말의 활용을 위해 부차적으로 쓰이는 경우도 있다. 이와 같은 말놀이는 두 가지 형태로 구분된다.

첫 번째는 말 만들기이다. 이는 주어진 조건에 맞춰 말을 만들며 노는 놀이로 말을 창작하는 것이다. 이 형태의 놀이로는 서당에 다니는 아동들에 의한 엽운(葉韻) 놀이,[27] 화승작(火繩作),[28]

각촉부시(刻燭賦詩)29) 등이 있다.

두 번째는 말장난으로 이 형태는 정해진 틀에서 전개가 된다. 이러한 말장난 형태는 스무고개, 수수께끼, 말 엮기 놀이,30) 말 잇기 놀이31) 등이 있다. 또한 발음하기 어려운 것을 단숨에 연이어 말하게 함으로써 혀가 꼬이거나 부정확하게 발음하는 상황을 즐기는 것으로 넓게 보면 발음 연습이 되는 놀이도 있다. 대표적으로 숨 쉬지 않고 단숨에 어떤 내용을 많이 외우게 하는 단숨외기 놀이가 있다.

송강호(1988)는 말을 배우는 것은 전달 수단을 익히는 것만이 아닌 말 속에 내포된 사고방식, 세계관, 인생관을 얻는 것을 의미한다고 했다. 인간은 말에서 벗어나 삶을 영위할 수 없다는 점에서 말놀이의 중요성을 확인할 수 있다.

---

27) 엽운(葉韻) 놀이는 종이를 나뭇잎 크기만큼 여러 개 잘라 거기에 글자를 써서 말아 가지고 소반 위에서 아래로 뿌린다. 둘러앉은 아동들이 하나씩 집어 어떤 글자인지 확인하고 그 글자를 운자(韻字)로 삼아 정해진 시간 안에 시를 지어 완성하는 것이다.

28) 화승작(火繩作)은 종이를 노끈처럼 꼬아 젓가락 크기만큼 길게 만들어 이것을 매달고 불을 붙인다. 그리고 나서 종이가 다 타기 전에 주어진 운자(韻字)를 넣어 시를 짓는 것이다.

29) 각촉부시(刻燭賦詩)는 초에 금을 그어 놓고 그곳까지 초가 타들어 가기 전에 시를 지어 완성하는 놀이로 아동의 작문 능력에 따라 금을 위쪽이나 아래쪽으로 정한다.

30) 말 엮기 놀이는 말꼬리를 이어가는 것으로 앞 구절의 끝이 뒤 구절 첫마디의 원인이 되도록 연쇄적으로 이어간다.

31) 말 잇기 놀이는 처음에 시작하는 아동이 글자를 말하면 그 글자가 들어가는 낱말을 다른 아동들도 연속적으로 말하는 것이다.

3. 초등학생의 인성교육과 전래놀이

1) 인성교육을 위한 전래놀이의 중요성

2013년 한국교육개발원이 실시한 교육 여론조사 결과에 따르면 약 48%의 응답자가 가장 시급히 해결해야 할 교육 문제로 학생들의 인성 약화를 지적했고 65.1%의 응답자는 특히 초등학교의 인성교육을 강화해야 한다고 했다(최경민, 2017; 황향희, 2018). 그러나 급속도로 늘어나는 가족 해체, 친척이나 이웃과의 관계 단절, 입시 위주의 조기 교육열 등은 현 사회를 살아가는 아동의 인성 발달에 매우 부정적인 영향을 초래하고 있다(김재향, 2019). 더욱이 과도한 사교육으로 또래와의 놀이 시간이 단축되고 뛰어놀 수 있는 놀이 공간도 줄어들고 있으며 놀이를 교육할 수 있는 지도자도 부족해지고 있다.

한편 공동체 놀이가 아닌 아동이 주로 혼자 하는 컴퓨터 게임, 인터넷 방송 시청, 모바일 앱이나 SNS 활동 등이 초등학생의 놀이 문화로 바뀌어 가고 있다. 이로 인해 최근 초등학생들 사이에 발생하고 있는 또래 간 폭력, 모방 범죄, 무분별한 불법 영상 시청 등의 양상은 갈수록 심각해져 가고 있다. 이와 같은 문제 발생의 근본적 원인은 아동들을 위한 인성교육의 부재와 책임의 망각에서 비롯된 것으로 초등학생 인성교육의 필요성이 그 어느 때보다 절실히 대두되고 있다.

아동은 놀이를 통해 세상과 소통하고 자아를 형성해간다. 아동기의 활동과 경험은 놀이를 매개로 하며 놀이와 학습은 분리되지 않고 상호 통합될 수 있는 교육 그 자체이다(박범석, 2005). 초등학생 아동이 놀이를 하면서 습득하게 되는 바람직한 사회적 태도는 또래 집단의 친구들과 어울리는 과정에서 합리적인 사고, 도덕의식, 가치판단을 발달시키는 것이다. 또한 권리와 의무, 책임과 역할에 대해서도 배우게 된다(현지애, 2007). 이러한 또래와의 상호작용 과정은 아동에게 자신의 욕구 조절, 질서 의식, 자기 정서 이해와 표현, 사회적 지식과 기술, 공정성에 대한 합의, 타인에 대한 공감 및 배려, 협동심과 양보 등의 능력을 함양하도록 한다(신호재, 2017).

전통사회에서 아동을 위한 인성교육은 생활 속에서 이루어졌다. 오늘날도 아동이 자신을 둘러싼 생활환경 속에서 즐기며 참여하게 되는 전래놀이는 흥미와 동기를 유발하여 호모루덴스(Homor Ludens) 즉 놀이하는 인간으로서 즐거움의 욕구를 충족시키고 그를 통해 자연스럽게 인성교육의 목적에 도달할 수 있다(김진선, 2000).

전래놀이에는 혼자 하는 놀이보다는 공동체 구성원으로서 즐길 수 있는 집단놀이가 많다. 따라서 아동이 친구들과 협동하며 사이좋게 놀거나 때로는 선의의 경쟁을 하면서 함께 살아가는 데 필요한 지혜를 학습하고, 사회적으로 요구되는 도덕의 기준이나 구성원으로서의 책임감 있는 역할을 배우는 데 도움이 된다. 또한 전래놀이 활동은 그 안에 내포된 규칙을 학습함으로써 준법성을 깨우칠 수 있을 뿐만 아니라 새로운 규칙을 만들어가면서 규범적 사고에 도움을 줄 수 있다. 이로 보면 또래 집단과의 전래놀이는 아동의 인성이 성장하는 데 의미 있는 계기가 된다고 하겠다.

2) 전래놀이에 내재한 인성교육을 위한 가치·덕목

인성은 사람다움의 가치·덕목을 추구하고 실천하는 삶에서 형성된다. 전래놀이에는 인성교육을 위한 가치·덕목이 내재해 있다. 앞서 살펴본 바와 같이 인성교육은 인간다운 성품과 역량을 기르는 교육이다.

이에 따르면 예(禮), 효(孝), 정직, 책임, 존중, 배려, 소통, 협동 등의 마음가짐이나 사람됨과 관련된 핵심 가치·덕목을 아동이 적극적, 능동적으로 실천 또는 실행할 수 있도록 '지식'·'공감'·'소통'의 능력을 함양하는 교육이 이루어지도록 해야 한다. 이는 지성(知性)·감정(感情)·의지(意志)를 균형 있게 갖추는 전인적(全人的) 발달과도 일맥상통한다.

이에 전래놀이를 활용한 초등학생 인성교육을 위해 아동의 인지발달, 심리 사회적 발달, 도덕성 발달에 대해 살펴보기로 한다.

먼저 인지발달의 측면에서 보면 초등학생 시기의 아동은 유아에 비해 보다 논리적으로 생각할 수 있으며 사물의 한 측면에만 집착하지 않고 여러 측면을 고려할 수 있다. 동시에 타인의 관점도 이해하게 된다. 그러나 아동의 사고는 아직 자신이 직접 경험한 세계에 한정되며 추상적이고 가설적인 개념은 이해하기 어려운 한계가 있다. 이러한 아동기의 특성을 Piaget(1896~1980)는 구체적 조작기(concrete operational stage)로 설명하였다(정옥분·정순화, 2004).

Erikson(1902~1994)이 제시한 심리 사회적 발달단계 측면에서 초등학생 시기에는 사회가 가치를 두는 기능들을 학습하면서 책임감을 갖고 친구들과 조화롭게 지내는 능력이 성장한다. 따라서 또래 집단의 중요성이 크게 확대된다. Fergus(2003)는 학령기 아동이 그 이전 시기에 비해 또래의 아동들과 좀 더 사회적으로 어울리게 되고 그동안 가족 안에서만 받았던 지원(support)을 이제는 또래 집단으로부터 받게 된다고 하였다. 이 시기에 지적, 사교적 및 신체적 기능이 원만히 발달하게 되면 자아개념이 싹트는 학령기의 아동은 자신이 유능하다는 느낌을 발전시켜 근면성을 갖게 되는 반면 그렇지 못하면 열등감을 경험하게 된다(홍대용, 1988).

한편 아동의 도덕성 발달이론을 펼친 Kohlberg(1927~1987)는 도덕성을 정의감으로 언급하였다. 그에 의하면 초등학생 아동은 타인의 처지를 이해하며 규칙을 어느 정도 내면화시켜 관습이나 규범에 맞는 행동을 도덕적인 것으로 생각하게 된다. 이에 타인에 대한 배려와 바른 행동을 가능하게 하는 규칙을 지키려고 한다. 또한 전체로서의 질서를 유지하려면 자신과 친구들 모두 정해진 의무에 충실해야 한다는 양심에 근거해 행동하고자 노력한다(김문영, 2013).

이상과 같은 발달이론을 토대로 전래놀이 활용 교육이 초등학생 아동의 인성 발달에 미치는 영향을 분석한 연구(윤상근, 1999; 현지애, 2007; 이홍재, 2016)가 이루어진 바 있다. 이를 토대로 전래놀이에 내재한 인성교육을 위한 가치·덕목을 정리해보면 <표 4>와 같다.

먼저 이들 연구에서 제시된 초등학생 인성교육을 위한 전래놀이는 놀잇감 놀이 17가지, 맨몸놀이·운놀이 각각 3가지, 역할놀이·노래 놀이·말놀이 각각 1가지로 총 26가지이다. 이 가운데 놀잇감을 사용해 신체를 활동적으로 움직이는 놀이가 다수를 차지하는 것은 이 시기의 아동은 운동기술이 발달하고 숙련되면서 자부심을 갖게 되기 때문이다. 이는 근면성을 증진하고 대인관계에 의한 수용을 도모한다. 아동은 친구와 어른들 앞에서 자신의 능력을 나타내고 또래 안에서 자신의 위치를 다지게 되는 것이다.

다음으로 <표 4>를 보면 전래놀이에 관련된 인성교육의 가치·덕목으로는 배려와 협동이 각각 13가지 놀이, 책임이 11가지 놀이, 소통이 10가지 놀이, 정직이 9가지 놀이, 타인존중과 자아존중이 8가지 놀이, 예(禮)가 4가지 놀이, 효가 3가지 놀이에서 나타나고 있다.

<표 4> 전래놀이에 내재한 인성교육을 위한 가치·덕목

구분		예(禮)	효(孝)	정직	책임	존중		배려	소통	협동
						자아	타인			
놀잇감 놀이	널뛰기							*	*	*
	그네뛰기			*	*					
	팽이치기			*	*	*				*
	투호 놀이		*		*	*	*	*		
	자치기				*	*	*	*	*	
	비사치기			*	*			*		
	연날리기		*		*			*	*	
	고누놀이	*		*			*	*		
	제기차기				*		*	*		
	장치기				*			*	*	*
	활쏘기			*				*	*	
	솔방울 치기			*	*					*
	가마 놀이							*	*	*
	줄다리기			*						*
	실뜨기									*
	공기놀이			*				*		
	줄넘기									*
맨몸 놀이	숨바꼭질									*
	씨름	*					*			*
	가마 타기									*
역할 놀이	소꿉놀이					*	*	*	*	
노래 놀이	강강술래					*				*
운놀이	윷놀이			*	*		*	*	*	*
	승경도놀이	*			*	*				
	쌍륙	*	*	*					*	
말놀이	말 엮기 놀이					*	*		*	
계		4	3	9	11	8	8	13	10	13

출처: 본 연구자가 선행연구(윤상근, 1999; 현지애, 2007; 이홍재, 2016)를 토대로 재구성

배려, 협동, 책임, 소통, 정직, 타인존중 등의 가치·덕목이 상대적으로 많은 빈도를 보이는 것은 초등학생이 또래 집단의 구성원으로 친구들과 전래놀이에서 즐거움에 공감하거나 선의의 경쟁을 하는 역할의 수행에서 비롯된다. 이는 두 명 이상의 학생들이 놀이에 참여하여 상호 동의하는 규칙과 질서에 따른다는 것을 의미한다. 나아가 또래로부터 규칙을 배우고 때로는 규칙을 만드는 방법을 터득하게 됨도 보여준다(Fergus, 2003).

인성교육의 가치·덕목으로 자아존중이 언급되는 것은 전래놀이를 완수할 수 있는 자아에 대한 개념, 자기효능감, 자신감과 결부된다고 하겠다. 예를 들어 초등학생 아동이 투호 놀이나 팽이치기를 자신이 얼마나 잘하는지를 보여준다든지, 수수께끼를 빠르게 잘 알아맞힌다든지, 혀가 잘 돌아가지 않는 어구를 자연스럽게 제대로 발음해 한 번에 통과하는 등은 신체적 운동기술, 논리적 사고, 언어적 유능성에 대한 만족감을 얻게 한다.

한편 가치·덕목 가운데 예(禮)가 고누, 승경도, 쌍륙과 연관이 되는 것은 놀이에 임하는 아동들이 바른 자세로 앉아 타인의 관점과 처지를 생각하면서 겨루는 과정의 모습을 반영한다. 또한 씨름은 경기 전후 상대와 정중히 인사를 나누고 정정당당하게 경쟁에 임하는 것과 관련되는 것으로 보인다. 반면 효의 가치·덕목은 경(敬)으로 발전되어 아동이 어른과 함께 놀이를 행할 수 있는 투호, 연날리기, 쌍륙 등에서 나타나고 있다.

제2장

구성주의 이론과 전래놀이
활용 인성교육

1. 구성주의 이론

1) 구성주의의 개념

구성주의는 지식의 형성과 습득을 개인의 인지 작용과 개인이 속한 사회 구성원들의 상호작용에 비추어 설명하는 상대주의적 인식론으로 정의된다. 여기서 인식론은 인간의 앎(지식)이란 무엇인지 그리고 어떤 방식으로 지식이 습득되고 형성되는가를 탐구하는 철학의 한 분야이다. 즉 지식을 보편타당한 절대적인 진리로 생각하는 객관주의와는 달리 구성주의는 지식의 본질에 대해 근본적인 변화를 요구한다(정봉경, 2011).

신은경(2012)도 구성주의가 대두되기 전 자리해온 객관주의에 속하는 행동주의[32]나 인지주의[33]는 학습이 이루어지는 과정을

---

[32] 행동주의는 학습을 겉으로 드러나는 외현적 행동의 변화로 보고 학습자를 외부의 환경적 자극에 따라 반응하는 수동적인 학습자관을 택한다. 교수학습의 목표를 학습자의 의사와는 관계없이 교수자가 일방적으로 설정해 진술한 다음, 목표 성취에 필요한 자극과 이에 따른 반응 그리고 반응의 결과에 대한 강화를 통해 학습이 이루어지게 한다. 따라서 교수학습의 주도권은 교수자에게 있으며 수업은 사전에 명시된 목표대로 바람직한 행동의 변화를 유도하는 데 초점을 둔다.

연구하는 심리학적 접근인 데 반해 구성주의는 지식이란 무엇이고 그 지식은 어떻게 구성되는지를 연구하는 철학적인 접근으로 보았다.

객관주의와 구성주의를 비교해보면 객관주의에서의 지식은 고정되어 있고 확인될 수 있는 현상이지만 구성주의에서의 지식은 학습자의 사회적 경험에 바탕을 두고 개별적으로 형성이 되는 것이다. 객관주의의 최종 목표는 진리 추구에 있지만 구성주의는 적합성과 타당성 추구에 있다. 또한 객관주의는 진리에 일치되는 지식의 습득을 목표로 하지만 구성주의는 개인에 의한 개별적 의미 형성의 사회적 적합성과 융화성을 목표로 한다. 따라서 객관주의에서 지식은 초역사적, 초공간적 특징을 지니지만 구성주의에서 지식은 역사적, 상황적, 사회적, 문화적 특징(장주현, 2018)을 지닌다.

구성주의에서는 학습자가 경험하는 실재의 세계가 있지만 그 세계는 학습자 자신이 부여하는 의미에 의해 성립된다. 따라서 경험적 대상으로부터 획득한 지식뿐 아니라 그 지식의 획득과정에서 알게 되는 행위까지를 포함한다. 지식을 얻고자 하는 주체가 누구인지, 인식하려고 하는 대상은 무엇인지, 그 주체와 대상의 관계는 어떠한지에 대해 탐구하는 것이 구성주의적 인식론이

---

33) 인지주의는 학습을 학습자의 인지구조 변화 즉 학습자가 외부에서 주어지는 정보를 내적인 정보처리 과정을 통해 인지구조를 변화시키는 것으로 본다는 점에서 행동주의보다는 다소 능동적, 적극적인 학습자관을 취한다. 그러나 인지주의 역시 행동주의와 마찬가지로 지식을 학습자의 의지와는 관계없이 외부에 독립적으로 존재하는 것으로 보고 이를 학습자에게 전이시키는 데 초점을 둔다.

다(김판수 외, 2003).

2) 구성주의 교수학습관

전통적인 교수학습관은 객관주의 인식론에 근거하고 있다. 객관주의는 지식을 이를 활용하는 개인의 의지와 관계없이 독립적으로 존재하는 고정된 실체로 보고 모든 상황에 적용할 수 있는 보편타당한 절대적인 진리를 추구하는 것을 최종 목표로 설정해 둔다. 반면 구성주의 교수학습관은 주관주의 인식론에 근거하여 학습자 자신이 위치한 맥락에서 능동적인 경험을 통해 자신에게 적합한 지식을 구성한다는 점을 강조한다. 구성주의에 있어 지식은 완료된 형태가 아니라 계속 진행해 나가는 것이다. 이를 의미 만들기 또는 알아가기 이론이라고 하는데 이들 용어가 공통으로 가지고 있는 특징은 진행형이어서 완결된 형태와는 구분된다(강인애, 1997; 장주현, 2018).

객관주의에서 지식은 고정되어 있어 시대적, 문화적 제약을 벗어나 모든 경우에 적용될 수 있다고 본다. 그러나 구성주의에서의 지식은 문화와 전통을 통해 형성된 의미 구성의 산물이다. 학습자는 특정한 사회적 경험과 문화적 배경을 바탕으로 그 위에 자신의 인지적 작용을 가하면서 주어진 사회 현상의 이해를 계속 구성해간다. 그 결과로 만들어지는 것이 바로 지식인 것이다. 구성주의적 관점에서 보면 학습은 학습자가 자신이 위치한 물리적, 사회적 세계와 능동적으로 상호작용하는 해석적, 순환적,

구성적 의미 만들기의 과정이다. 즉 학습은 지식의 단순한 획득과 재생산 과정이 아니라 능동적인 구성적 과정이며, 인지적 과정일 뿐만 아니라 사회적, 문화적 과정인 것이다. 이와 같은 구성주의 교수학습관에서는 가르치는 사람 중심에서 배우는 사람 중심, 쓸모없는 비활성 지식으로부터 학습자들에게 적합한 맥락적 지식 중시, 획일적 환경이 아닌 풍부하고 다양한 학습환경으로의 변화로 인간성 회복을 이끈다. 따라서 교수자 중심의 교수학습이 아닌 지식 구성의 주체인 학습자 중심의 교수학습이 이루어진다. 단순히 무게 중심만 학습자에게 옮겨지는 것이 아니라 유의미한 맥락 속에서 능동적 활동을 통해 학습자 스스로 자신에게 의미 있는 지식을 구성할 수 있도록 한다. 무언가를 안다는 것은 학습자가 적극적으로 행동하여 얻어지는 것이므로 지식을 받아들여 스스로의 경험과 함께 협응시켜 자신에게 의미 있는 지식을 만들어가는 것이다(조영남, 1998).

3) 교수학습과 관련된 구성주의의 기본 가정

구성주의적 시각은 인간의 지식과 학습에 새로운 인식론적 대안을 제시함으로써 교육의 재개념화에 기여하고 있다(박희, 2003).

교수학습과 관련된 구성주의의 기본 가정을 살펴보면, 첫째, 지식은 사람들의 마음속에 존재하는 것이다. 교실 수업의 경우 지식은 칠판, 교재, 이동식 디스크에 있는 것이 아니라 교수자와 학습자의 마음속에 존재한다. 예를 들어 언어의 의미는 언어 그

자체에 있는 것이 아니라 말하는 사람과 듣는 사람의 마음속에 있는 것이다.

둘째, 학습자는 교육과정이나 수업자료에 대한 의미를 자신의 기존 지식과 신념에 따라 부여한다. 따라서 다양한 관점을 구성할 수 있고 동일한 자료에 대해서도 서로 다른 의미를 부여할 수 있다. 학습은 지식 구성의 과정이며, 이 과정은 학습자가 교실은 물론 교실 밖 세상과의 상호관계에 있어서도 적용된다. 교실 안팎을 막론하고 학습은 의미를 구성하는 것이므로 학습에 대한 궁극적인 책임은 바로 학습자 자신에게 달려 있다. 이와 관련하여 조영남(1998)은 학습이 진정한 의미를 지니기 위해서는 기계적인 암기가 아니라 이해와 문제 해결 그리고 개념적 변화에 초점을 두고 연관된 맥락 속에서 이루어져야 한다고 보았다.

셋째, 학습자가 가진 지식은 개별적이고 특별하며 자신의 경험에 의존한다. 이로 인해 개인의 주관적인 생각, 느낌, 경험은 지식을 구성하는 데 있어 중요한 요소이다. 구성주의에서는 각 개인의 경험을 통한 지식 구성과 내면화의 과정에 주목한다. 이렇듯 학습자의 지식이 자신의 경험을 바탕에 두고 구성되는 것이기에 개인에 따라 구성되는 지식이 달라질 수 있는 상대적 관점에 초점을 둔다. 또한 경험이 더해짐에 따라 끊임없이 수정될 수 있어 지식은 절대적인 가치와 의미를 지니는 것이 아니라 개별적으로 상대성(권덕원, 2009)을 지닌다.

4) 구성주의의 교수학습원리

(1) 구성주의 학습원리

① 학습은 발달의 결과가 아니라 학습이 곧 발달이다. 학습자는 자신이 해결해야 할 문제를 생성하고 대안을 마련하기 위해 가설들을 설정하고 이들의 적합성 여부를 검증할 수 있어야 한다. 이를 위해 교수자는 학습자들에게 실질적 상황에 입각한 구체적인 과제를 제공하고 그 과제를 해결하는 과정에서 자신들의 생각을 실험하고 대화를 통해 검증해볼 수 있는 기회(한국교원대학교 초등교육연구소, 1999)를 제공해야 한다.

② 불균형이 학습을 촉진한다. 인지적 갈등과 혼란은 학습을 위한 자극이며 이것이 학습될 내용의 본질을 결정한다. 오류도 학습자가 이해한 결과로 볼 수 있으므로 교수자가 이를 의도적으로 최소화하거나 회피해서는 안 된다. 학습자들의 사회적 상호작용을 통한 갈등과 혼란 그리고 놀라움 속에서 실질적인 학습이 일어난다. 실제적이고 유의미한 맥락에서 도전적, 개방적 탐구가 강조되어야 하며 다양한 대안을 산출하도록 해야 한다. 또한 모순이 되는 점을 분명히 함으로써 이를 탐구하고 토의할 수 있도록 해주어야 한다(조영남, 1998).

③ 반성적 추상이 학습의 원동력이다. 추상이란 여러 가지 사물이나 개념에서 공통되는 특성을 추출하여 파악하는 사고를 뜻한다. 학습자는 의미의 구성자로서 다양한 경험을 상징적인 방식으로 일반화한다. 예를 들어 학습자가 반성적 글쓰기 시간을 갖

는 것은 광범위한 경험을 상징적인 의미로 마음속에 구성하도록 도울 수 있다. 이러한 반성적 추상은 앎(지식)과 학습의 과정을 스스로 점검할 수 있는 능력으로 학습자의 사고 기능을 정련하고 강화하게 된다. 나아가 학습자에게 있어 궁극적인 성취는 지식을 터득하는 방법을 아는 것이다. 학습의 과정을 스스로 점검하고 통제할 수 있는 능력이 중요한 것이다(정봉경, 2011). 이로 볼 때 반성적 사고는 학습자가 가진 지식을 새롭게 확인하고 더욱 발전시킬 수 있는 핵심 능력이다.

④ 학습은 사회적, 대화적 활동이다. 공동체 구성원들 간의 대화는 깊이 있는 사고를 이끈다. 교실은 다양한 활동과 반성적 사고 그리고 대화가 이루어지는 공동체로 보아야 한다. 교수자가 아니라 학습자들 스스로 자신의 아이디어를 교실의 구성원들에게 전달하는 책임을 지녀야 한다. 학습자들이 의미 구성을 위해 함께 노력할 때 점진적으로 관점에 구조적 변화가 이루어져 보다 큰 아이디어를 구성하게 되며 이는 곧 다양한 경험에 일반화될 수 있는 핵심 조직 원리가 된다. 이에 학습은 다양한 관점과 타협함으로써 의미를 만들어가는 협동적인 활동(황윤한, 1999)이라고 볼 수 있다.

⑤ 학습은 상황에 기초하여 일어난다. 학습이 진정한 의미를 갖기 위해서는 풍부한 맥락과 실제가 반영된 상황에서 진행되어야 한다. 학습은 의미를 구성하는 것이며, 의미의 구성은 도구(물리적 수단과 기능)와 상징(언어나 숫자와 같은 기호학적 수단

과 기능)의 활용을 통해 이루어지게 된다(조영남, 1998).

(2) 구성주의 교수원리

① 학습자들의 학습에 대한 책무성과 주인의식 그리고 자율성을 강화해야 한다. 이는 학습자 중심의 수업을 강조하는 것이다. 학습자가 학습에 대한 주체로서 학습의 목표 설정, 전개 과정과 결과에 대해 책임을 질 수 있도록 해야 한다(강인애, 1997). 따라서 무엇을, 언제, 어떻게 학습할 것인지를 스스로 결정할 수 있는 능력을 배양하는 것이 무엇보다 필요하다. 또한 자신의 학습활동을 스스로 관리할 수 있는 메타인지(metacognition)[34] 기능을 개발할 수 있도록 도와야 한다. 이를 위해서는 지식을 구성하는 과정을 직접 경험할 수 있는 기회를 가져야 한다. 이와 더불어 학습자가 지식 구성에 역동적으로 참여하도록 해야 한다. 교수자가 단순히 지식과 기능을 전달하기보다 학습자 스스로 자신에게 의미 있는 지식을 능동적, 역동적으로 구성할 수 있는 학습환경을 마련해주어야 한다. 예를 들어 특정 상황에 대한 예측과 가설을 설정하여 스스로 탐구, 실험하도록 하는 등 사고를 촉진하는 다양한 활동의 기회를 제공해야 한다. 또한 상이한 조건들이 주어졌을 때 학습자들이 문제를 서로 다른 관점에서 조명하도록 격려하여 자신들의 아이디어, 절차와 접근방법 그리고 해

---

[34] 메타인지(metacognition)는 인지 과정에 있어 자신이 아는 것과 모르는 것을 자각하는 것, 스스로 문제점을 찾아내고 해결하는 것, 자신의 학습 과정을 조절할 줄 아는 것과 관련된 인식을 말한다.

결안을 제시할 수 있도록 뒷받침해 주어야 한다(조영남, 1998).

② 유의미한 맥락 속에서 학습이 이루어질 수 있도록 해야 한다. 학습자가 이 내용을 왜 배우는지와 같은 의문을 불식할 수 있도록 학습에 대한 공감대를 형성해야 한다. 학습자와 직접 관련된 수업을 진행함으로써 불합리한 수업 관행으로부터 학습자를 보호해야 한다. 학습자가 학습을 의미 있는 것으로 받아들이도록 하기 위해서는 교수자가 학습의 필요성과 이유를 명료하게 밝혀주고 학습한 내용을 실제 상황에 효율적으로 적용할 수 있도록 안내해야 한다. 이를 위해서는 선행 지식을 최대한 활용하도록 권장하고 수업을 실제 상황과 관련시킴으로써 내용의 유의성을 증진하며 다양한 방법을 활용하여 학습할 수 있어야 한다. 또한 학습의 내용, 과정 및 성과에 대해 학습자 스스로 반성하도록 고무해야 한다. 즉 자신의 학습에 대해 그리고 자신의 학습으로부터 무언가를 얻기 위해 학습한 내용과 과정 및 성과에 대해 반성적으로 사고해 보도록 하는 것이다(김현진, 2013). 이러한 자기평가와 더불어 집단 구성원들 간에 생각과 느낌을 나누는 평가는 의사결정과 문제 해결 방법, 예를 들어 문제 해결을 위해 어떤 방법이 성공적이었는지 혹은 성공적이지 못했는지, 다음을 위해서는 어떠한 점을 반드시 기억해야 하는지, 그리고 앞으로는 어떤 방법으로 문제 해결을 수행해야 할지 등에 대해 사고하는 반성적 기회가 된다.

③ 협동학습을 통해 사회적 상호작용이 이루어지도록 해야 한

다. 학습은 대화적, 사회적 과정이므로 구성주의 교수학습에서는 특히 협동적인 학습환경을 강조한다. 그 이유는 대화가 학습자들의 상호교류와 반성적 사고를 촉진하는 데 있다. 구성주의 관점에서 협동학습은 구성원들이 집단에서 상호작용을 하는 가운데 사회적 기능을 배우고 대안적인 견해를 공유, 개발하는 데 목적이 있다. 이를 위해 다양한 관점들을 경험하고 평가할 수 있는 계기를 학습자들에게 제공해야 한다. 실상황에서의 문제들은 한 가지 접근이나 방법으로 쉽게 풀어지지 않는다. 자신들의 이해를 검증하고 강화하기 위한 수단으로 다양한 대안들을 평가할 수 있어야 한다. 때때로 교수자의 관점에서는 잘못되고 혼란스러워 보이는 것이 학습자들의 입장에서는 자신들이 이해한 바를 표현한 것이라는 점을 교수자가 인지해야 한다. 따라서 교수자는 학습자들의 아이디어를 그들의 관점에서 조망하고 그것이 지니는 가치를 인정해주어야 한다(Honebein, 1996; 서희선, 2007).

④ 다양한 표현양식을 활용하도록 학습자들을 격려해야 한다. 교수학습 현장에서 가장 보편적인 지식 전달의 방식은 구두와 서면을 통해 진행된다. 그러나 이러한 양식에만 집착하게 되면 학습자들이 사물이나 사건을 바라보는 방식을 제한하게 된다. 보다 풍부한 경험을 제공하기 위해서는 사진, 음향, 동영상 등의 다양한 매체를 활용해야 한다. 또한 학습자가 새로운 시도를 하다 보면 잘못과 실수가 뒤따를 수 있다는 점을 인식시키고 긍정적인 피드백과 격려를 통해 도전감과 자신감을 고취해 주어야

한다(조영남, 1998). 이와 더불어 학습을 위해 물리적 도구를 사용하게 될 때는 안전한 학습환경을 제공해야 한다.

⑤ 전통적인 수업에서는 평가를 목표의 성취 여부를 판정하는 수단으로 규정하고 시험이라는 제한적 적용을 시행해왔다. 그러나 구성주의에서는 창의적, 비판적 사고와 문제 해결 능력 등의 고차적인 교육 목적의 성취와 복잡하고 실제적인 맥락에서의 능동적인 활용 여부를 중시한다. 따라서 사전에 설정된 목표에 근거한 준거 지향의 평가보다는 수행평가, 자기평가, 포트폴리오 등과 같은 대안적인 평가로 과제를 수행하는 학습 과정에서 이루어지는 질적인 평가를 지향해야 한다(정봉경, 2011).

2. 전래놀이 활용 인성교육과 구성주의 접근

1) 전래놀이 활용 인성교육에 대한 구성주의의 적용

전래놀이를 활용한 인성교육을 위해 구성주의 교수학습 이론인 인지 도제이론(cognitive apprenticeship theory)을 적용해보고자 한다.

본래 도제 방법은 초보 학습자가 전문가의 과제 수행을 직접 관찰하고 이를 모방해 수행함으로써 특정 지식과 기능을 연마하는 과정으로 이루어진다(김경원, 2009). 이러한 전통적인 도제 방법은 주로 외적인 지식이나 물리적인 기능을 전수하는 것이었다.

반면 인지 도제이론은 전통적인 도제 방법의 장점은 수용하되 실제 상황에 필요한 창의적, 반성적 사고와 문제 해결 능력 등과 같은 내적인 고등정신 기능을 학습하는 데 적합하도록 재구성한 것이다(황윤한, 2003). 이와 같은 이론은 사회적 상호작용을 통한 의미 구성을 언급했던 교육심리학자 Vygotsky(1896~1934)의 근접발달영역(zone of proximal development; ZPD)의 견해에 기초하고 있다. 근접발달영역은 아동이 자신의 힘으로 혼자 수행할 수 있는 발달 수준과 다른 사람(예: 교수자, 또래 친구)의 도움을 받으면서 수행할 수 있는 잠재적 발달 수준 간의 간격을 말하는 것으로 아동의 현재 능력과 다른 사람과의 상호작용을 통해 나타나는 능력 수준 간의 차이를 말한다(Laure & Adam, 1996). 이 이론에 의하면 아동 발달의 근원은 사회에 있다. 보다 유능한 사람과 함께 사회문화적 활동에 참여하는 사회적 상호작용은 학습과 인지발달에 필수적이다. 즉 가장 효과적인 사회적 상호작용은 보다 능숙한 사람의 안내를 통해 공동으로 과제를 해결하는 것이다. Rogoff(1990)는 비고츠키의 이론을 토대로 아동의 인지적 성장을 자극하는 데 효과적인 사회적 경험을 인지적 도제로 명명하였다(조영남, 1998).

인지적 도제는 학습자가 가지고 있는 지식을 실제 상황에 적용할 수 있으려면 지식 습득의 과정에서 지식을 구조화 하여 학습하고 그 지식을 활용할 수 있는 고차원적 인지기능 학습도 함께 필요하다는 것을 전제로 한다. 예를 들어 학습자의 지식 구조화,

고차원적 인지기능의 숙련 그리고 상황에 기초한 지식의 습득을 도와주기 위해 교수자가 과제 해결에 대한 시범을 보이고 이를 관찰한 학습자가 교수자의 도움과 안내를 받아 과제를 수행함으로써 그 방식을 점차 내면화하고 다양한 상황에 일반화시켜 보는 과정이 필요하다는 견해이다(모균령, 2007; 양홍동, 2018).

전래놀이를 활용한 인성교육의 경우 교수자가 놀이의 방법과 놀이를 할 때 상대를 배려하는 모습을 초등학생들에게 보여주는 시범을 행한다. 다음으로 학생들이 교수자의 시범에서 관찰한 전래놀이 과제를 또래 집단에서 수행하고 이때 교수자가 안내자가 되어 학생들에게 도움을 준다. 그다음으로 점차 도움의 횟수나 정도를 줄여나가게 되고, 학생들 스스로 전래놀이 과제를 해결할 수 있는 상태가 되면 놀이에 대한 지식 습득은 물론 또래 집단에서 상대를 배려하는 인성의 내면화와 실천이 이루어지게 되는 것이다.

전래놀이를 활용한 인성교육을 위해 구성주의 인지 도제이론의 주요 영역과 요소(조영남, 1998; 김윤희, 2000; 모균령, 2007; 양홍동, 2018)를 정리하면 <표 5>와 같다.

<표 5> 구성주의 인지 도제이론의 영역

영역	내용	방법	학습 내용 제시 순서	사회적 측면
요소	특정 영역의 지식, 발견 전략, 통제 전략, 학습 전략	모델링, 코칭, 스캐폴딩, 명료화, 반성적 사고, 탐구	복잡성 증가, 다양성 증가, 전체 기능 제시 후 부분 기능 제시	상황에 기초한 학습, 전문가 수행의 연마, 내재적 동기유발, 협동의식 활용, 경쟁의식 활용

출처: 조영남(1998), 구성주의 교수-학습, 구성주의 교육학, 교육과학사.

(1) 내용 영역

이 영역은 교수자와 학습자들 간에 이루어지는 과제 수행의 내용으로 4개 요소가 있다.

① 특정 영역의 지식은 교수자의 설명을 통해 학습자들에게 전달되는 개념, 사실 또는 절차 등의 지식을 말한다(예: 각 전래놀이의 개념, 다른 학생들과 협동하며 전래놀이를 하는 방법에 대한 교수자의 설명).

② 발견 전략은 교수자가 시범을 통해 과제 수행을 보여주고 학습자들은 그 과정을 관찰하는 것이다(예: 교수자의 전래놀이 시범).

③ 통제 전략은 과제를 수행하는 학습자들의 다양한 선택과 결정을 교수자가 점검, 진단 혹은 수정하는 것이다(예: 학생들의 전래놀이 수행에 대한 교수자의 점검).

④ 학습 전략은 학습자들이 과제 수행 시 새로운 내용을 탐구하여 지식을 확장하는 것과 같은 창의적인 과정이다(예: 전래놀이 재구성에 대한 학생들의 토의).

(2) 방법 영역

교수학습 방법 영역은 인지 도제이론의 핵심으로 6개 요소가 있다. 이들 요소는 모델링 → 코칭 → 스캐폴딩 → 명료화 → 반성적 사고 → 탐구의 단계로 이행된다.

① 모델링(modelling)은 교수자(혹은 전문가)나 컴퓨터와 같은 매체를 활용하여 실제와 유사한 상황에서 설명과 시범으로 과제 수행의 과정을 보여주고 학습자들은 그 과정을 관찰하는 것이다. 이때 학습자들은 관찰을 통해 과제 수행과 관련된 지식과 기능에 대한 이해의 기반을 형성하게 된다. 이러한 모델링에서 주의할 점은 교수자의 생각이나 행동을 학습자들이 궁극적으로 습득할 객관적인 기준으로 여기지 않도록 해야 하는 것이다. 즉 여러 방안 중 하나임을 언급하는 것이 중요하다.

② 코칭(coaching)은 학습자들이 과제를 수행하는 동안 교수자가 이를 관찰하고 필요에 따라 피드백과 힌트 등 외부적 도움을 주는 것이다. 학습자들이 과제를 수행하는 가운데 교수자로부터 피드백이나 힌트를 받게 되는 것은 모델링 과정에서는 관찰할 수 없었던 측면에 주의를 기울이게 한다. 또한 학습자들이 알고

는 있으나 잠시 간과했던 부분을 상기시키는 역할도 한다. 이러한 코칭을 할 때도 학습자들의 과제 수행이 능동적인 활동으로 이행되도록 해야 한다.

③ 스캐폴딩(scaffolding)은 코칭과 마찬가지로 학습자들의 과제 수행에 도움을 주는 것으로 학습에 디딤돌 역할을 한다. 이 둘의 차이점이라면 코칭이 학습을 촉진하기 위한 광범위한 지도 활동이라면 스캐폴딩은 학습자들이 학습한 지식과 기능을 통합적으로 활용할 수 있도록 보다 구체적인 도움을 제공하는 것이다. 이러한 스캐폴딩은 Vygotsky(1896~1934)의 근접발달영역과 관련이 된다. 예를 들어 학습자들이 교수자의 시범을 보고 연습을 했음에도 불구하고 성공하기 힘든 경우 교수자는 학습자들이 한 단계 올라설 수 있도록 도움을 주는데 이것이 곧 스캐폴딩이다. 이는 꼭 필요한 경우에만 제공하고 과제 수행이 익숙해지면 점차 줄이고 더 이상 필요 없는 경우에는 제공하지 않게 된다.

④ 명료화(articulation)는 학습자들이 과제를 통해 습득한 지식과 기능을 말로 설명을 하거나 시연을 하는 것이다. 이를 통해 학습자들이 가진 이해를 명료히 하게 된다. 명료화의 장점은 첫째, 내재적인 지식을 명확히 해주고, 둘째, 지식을 다른 과제에 보다 쉽게 활용할 수 있도록 해주며, 셋째, 동일한 방법을 다양한 맥락에 적용할 수 있도록 해주고, 넷째, 다른 학습자들의 명료화 과정을 통해 대안적 관점에 대한 통찰력을 얻는 데 있다.

⑤ 반성적 사고(reflection)는 학습자들이 자신들의 과제 수행

과정을 되돌아보고 분석하는 것이다. 예를 들어 자신의 과제 수행 과정을 교수자나 다른 학습자들과 비교 분석해보거나 학습자 자신이 기존에 갖고 있던 특정 영역의 지식과 비교해 분석함으로써 자신의 이해를 다시 심사숙고해보는 것이다. 이렇게 과제 수행을 반성하는 데는 재현, 선별적 재현, 공간적 구체화 등의 방법이 활용된다. 전래놀이의 경우 재현은 교수자와 학생들의 전래놀이 모습을 비교하는 것이다. 선별적 재현은 전래놀이를 수행하는 학생들의 손이나 발 등 해당 부분을 선별적으로 재검토하는 것이다. 공간적 구체화는 학생들이 공간에서 전래놀이 하는 모습을 녹화해 보여주는 것이다.

⑥ 탐구(exploration)는 학습한 지식과 기능을 새로운 방식으로 활용하는 방법을 탐색하는 것이다. 이를 통해 학습자들은 스스로 과제 해결을 위한 가설을 설정하고 이를 검증하게 된다. 예를 들어 학습자들이 개인적 관심에 맞는 목표를 정하여 과제를 수행하는 방법을 적용함으로써 독립적으로 지식과 기능을 습득하게 되는 것이다.

이상과 같은 교수학습 방법은 교수자의 시범을 관찰하고 피드백을 받는 모델링·코칭·스캐폴딩의 단계, 학습자들이 자신들의 과제 수행 전략을 확인하고 수정하는 명료화·반성적 사고의 단계, 학습한 지식을 토대로 학습자들이 새로운 방식의 과제 해결 방안을 탐구하는 단계로 이루어진다. 이러한 일련의 과정을 통해 안내자의 역할을 하는 교수자의 참여와 책임을 점차 학습자들에게 양도함으로써 학습자들이 과제 수행 능력을 내면화하게 된다.

(3) 학습 내용 제시 순서 영역

학습 내용 제시 순서의 영역은 3개 요소로 구성된다.

① 복잡성의 증가는 점차 더 많은 지식과 기능이 포함되도록 학습 내용을 제시하는 것이다. 교수자는 학습자들이 점진적 복잡성을 감당할 수 있도록 그들의 수준에 맞추어 학습 내용을 조절하고, 복잡한 활동의 경우에는 학습자들이 교수자의 도움을 받아 수행할 수 있게 한다.

② 다양성의 증가는 점점 더 다양한 지식과 기능이 요구되도록 학습 내용을 제시하는 것이다. 학습자들이 습득한 지식이나 기능을 여러 가지 상황에 적용해보게 함으로써 각 상황의 맥락에 맞게 활용해보고 지식과 기능이 내면화되도록 한다.

③ 전체 기능 제시 후 부분 기능의 제시는 학습의 초기 단계에서 학습자들이 먼저 학습 내용의 전체적인 개념 지도를 형성한 후 부분적인 학습 내용을 습득하도록 하는 것이다. 이는 부분의 의미를 전체에 비추어 파악할 수 있게 하며, 부분들의 통합도 가능하게 할 수 있다.

(4) 사회적 측면 영역

학습의 사회적 측면 영역은 5개 요소로 되어 있다.

① 상황에 기초한 학습은 실생활에서의 유용성을 반영한 맥락 속에서 지식과 기능을 학습하는 것이다. 이를 통해 학습자들은 해당 내용을 왜 학습하는지를 이해하게 된다. 즉 단순한 청취가 아닌 과제 수행의 과정을 통해 학습이 이루어진다. 또한 실제 상황에서 어떤 방법이 적합한지를 탐구하고 다양한 상황에서의 문제 해결 방법을 터득하게 된다. 예를 들어 전래놀이를 통한 인성교육의 경우 상황에 기초한 학습의 장점으로는 첫째, 전래놀이에 대한 지식을 상황에 맞게 활용하는 방법을 배울 수 있고, 둘째, 친구를 배려해야 하는 상황이나 문제에 관련된 지식을 다룸으로써 새로운 상황에 유연성 있게 적용할 수 있는 방법을 터득하게 되고 참신한 아이디어도 창출할 수 있게 된다. 셋째, 전래놀이를 활용한 인성교육의 맥락이 가미된 학습이 이루어지면 학생들은 지식에 담긴 함의(含意)를 파악해 다른 상황에 적용할 수 있는 방법을 감지하게 되고, 넷째, 실제적인 활용이라는 맥락 속에서 학습이 이루어지는 경우 친구를 향한 배려를 실천하는 데 수반되는 지식, 공감 그리고 소통 능력이 적절하게 구조화된다.

② 전문가의 수행 연마는 과제 해결 과정에서 이루어지는 교수자와 학습자들의 역동적인 상호작용이다. 이는 학습자들이 초보자의 상황에서 전문가로 변화를 겪는 과정 중에 지식과 기능

을 익히게 됨을 의미한다. 전래놀이를 통한 인성교육 역시 교수자와 학생들의 상호작용을 통해 예(禮)의 가치・덕목에 대한 지식과 수행을 또래 집단, 가족과 이웃, 사회와 세계로 확장해 나가게 된다.

③ 내재적 동기유발은 학습자들 각자가 과제 수행과정에서 만족감과 성취감을 맛보고 이를 통해 후속적인 지식 구성을 촉진하는 것이다. 예를 들어 전래놀이 가운데 학생들이 경험하는 자기효능은 만족감과 성취감으로 이어지고 이는 자아존중의 인성 가치・덕목으로 발현이 된다.

④ 협동의식의 활용은 학습자들이 하나의 과제를 함께 수행하면서 사회적 상호작용으로 다른 학습자의 경험을 배우게 되고, 각자 자신이 구성한 지식과 기능을 검증함으로써 보다 다양한 관점을 깊이 있게 이해할 수 있도록 하는 것이다. 전래놀이를 활용한 인성교육도 놀이에 동참하는 학생들 간에 상호 존중과 협동을 강화하며 이를 통해 타인의 관점과 처지를 이해하는 모습을 반영하게 된다.

⑤ 경쟁의식의 활용은 학습자들에게 과제를 각각 주고 이루어지는 수행을 비교하도록 하는 것이다. 이를 통해 각 학습자는 자신의 강점과 약점을 파악하여 수행 능력을 향상하기 위해 노력을 하게 된다. 이때 중요한 것은 과제 해결의 결과 간 비교가 아니라 과정의 비교가 되어야 하는 점이다. 따라서 전래놀이를 실시할 때 교수자는 학생들 사이에서 과도한 경쟁에 의한 부정직

이나 부정 등이 나타나지 않도록 주의를 기울여 협동과 경쟁이 적절히 조화를 이루도록 이끌어야 한다.

2) 전래놀이 활용 인성교육에서의 구성주의 교수학습

(1) 학습자

구성주의에서는 자율적이면서 적극적인 학습자들 곧 학습자 개개인이 지닌 사회문화적 배경을 토대로 스스로 지식을 습득하고 형성해나가는 모습을 강조한다. 구성주의 학습에서는 객관주의 학습에서처럼 미리 구체적인 목표를 설정하고 내용이 연계된 환경에서 주어진 학습 과제를 온전하게 습득하는 것에만 초점을 두지 않는다. 오히려 학습자들이 스스로의 관심, 지식, 흥미에 따라 학습 목표를 정하고 그것에 맞게 과제를 해결하도록 한다. 물론 학습자들 개개인이 독자적인 학습 목표를 설정하기 이전에 교수자는 조금은 더 넓은 범위에서의 학습 목표를 설계한다. 단, 학습자들에게 보다 많은 자율권과 선택권이 주어진다(신은경, 2012). 따라서 학습자는 수동적인 지식 습득자가 아니라 적극적이며 능동적인 지식의 형성자가 된다(강인애, 1997).

구성주의에 의하면 학습자들은 마치 빈 그릇과 같아서 그 속에 무언가를 담아 채우기만 하면 되는 것이 아니라 맥락에 적합한 의미를 탐색하고 추구하는 자율적인 유기체이다. 따라서 교수학습의 중심은 당연히 구성의 주체인 학습자들에게 있어야 한다. 무게 중심만 학습자들에게 있는 것이 아니라 자신들의 세계를 직접 구성할 수 있는 재량권이 주어져야 한다. 무엇을 학습할 것인지를 결정하는 것은 교수자가 아니라 학습자들의 목적과 기대에 달려 있다. 교수자가 설정한 목적이나 목표도 나름대로 도움이 되긴 하지만 그것만으로는 바라는 학습이 이루어진다고 보증할 수 없다. 학습자들이 수업 목적을 자신들의 것으로 이해하고 받아들이지 않는다면 학습에 큰 영향을 미치지 못하기 때문이다 (조영남, 1998).

전래놀이를 활용한 인성교육에 있어서도 초등학생 아동들 스스로 책임감 있게 학습을 관리하고 방향을 설정해나가는 주인의식이 필요하다. 과제가 주어졌을 때 그것을 통해 자신들이 배우고 풀어야 할 문제가 무엇인지를 파악하는 것부터 시작해 문제해결을 위한 과정도 다른 학생들과 협동적인 노력을 통해 방법을 알아내고 타당한 논리적 이유를 제시할 수 있어야 한다. 이와 같은 과제 수행과정에 대한 자율적 결정을 통해 얻을 수 있는 결실은 단지 인지적 차원에서 끝나지 않는다. 오히려 학습하고자 하는 지식과 기능이 필요한 사회적 관계, 사고방식, 인성의 가치・덕목 등을 습득하면서 자연스럽게 그 사회에 문화적 동화(同化)를 하게 되는 것이다(Rogoff, 1990; 강성아, 2005). 여기서 동화는 학습자가 교수자나 다른 학습자들과의 상호작용을 통해 얻게 되는 지식을 완전히 자기의 것으로 만듦을 의미한다.

(2) 교수자

전래놀이를 활용한 인성교육에 구성주의 교수학습원리를 적용하기 위해서는 교수자의 역할에 대한 변화가 요구된다. 더 이상 일방적인 지식과 기능의 전달자가 아니라 학습 과정의 안내자, 촉진자, 조언자, 코치, 나아가 동료학습자로서의 역할을 담당해야 한다(이현정, 2007). 그렇다고 해서 교수자의 역할이 퇴색되거나 중요하지 않다는 뜻은 아니다.

교수자는 학습자들이 과제 해결을 유의미하게 다룰 수 있도록 돕는 역할을 해야 된다. 또한 교수자는 풍부하고 다양한 학습환경을 조성하고 상황적 맥락에 따라 과제를 제시함으로써 학습자들의 의미 구성을 촉진하도록 해야 한다. 예를 들어 교수자는 질문을 통해 학습자들의 인지 활동을 자극하거나 학습자들이 풀어야 하는 과제 수행을 시범을 통해 보여줌으로써 학습자가 배워야 할 전반적인 개념의 틀을 제공하는 역할을 맡게 된다(한국교원대학교 초등교육연구소, 1999; 신은경, 2012).

이에 전래놀이 수업은 교수자가 학생들에게 구두로 놀이의 도구와 사용법에 대한 지식만을 전달하는 것이 아닌 학생들이 또래 집단이라는 환경 속에서 서로 규칙을 지켜 안전하게 놀이를 하려면 어떻게 소통하고 배려해야 하는지 활동을 배합해주는 것이 필요하다.

지식은 학습자를 둘러싼 환경과의 상호작용을 통해 구성되며 학습은 다양한 관점과 타협함으로써 의미를 만드는 협동적인 활동이다. 학습자는 교실에서 교수자나 다른 학습자들과의 상호작용에 의한 지각과 행위를 통해 새로운 지식을 구성하게 되므로 교수자는 학습자들이 아이디어를 자유롭게 표현할 수 있도록 해야 한다. 더욱이 지식 구성은 시간과 열정을 요구하며 많은 노력이 필요하므로 그에 따른 즐거움과 만족감이 수반될 수 있어야 한다. 이에 학습자들의 지식 구성 노력을 촉진하기 위해 교수자는 학습자들을 존중하고 따뜻하게 대해 주어야 하며 우호적인 학습환경도 마련해주어야 한다(조영남, 1998). 이를 위해 교수자가 구체적으로 노력해야 할 점(강인애, 1997; 김판수 외, 2003; 정봉경, 2011)은 다음과 같다.

① 전체적인 학습 내용과 과제를 안내하는 과정을 교수자가 전적으로 주도하기보다는 학습자들로부터 질문을 유도한다. 예를 들어 수업을 시작하면서 교수자의 생각을 설명하거나 자료를 제시하기 전에 전래놀이에 대한 초등학생들의 생각을 먼저 들어본다. 이때 교수자는 학생들의 자율성과 솔선수범을 격려하고 아이디어를 수용해야 한다.

② 학습자들이 상호관계를 형성하고 친밀해질 수 있는 시간적 여유를 주도록 한다. 특히 전래놀이를 활용한 인성교육의 수업 과정에서 교수자는 학생들 각자가 자기조절을 수행하는 역할을 강조하여 상호 협력적인 관계를 고취하도록 한다.

③ 교수자는 지식과 기능을 전달하는 과정에서 학습자들의 이

해 여부를 파악해야 한다. 즉 수업내용과 방법을 다양하게 운영하면서 학습자들의 반응을 확인한다. 전래놀이를 활용한 인성교육의 학습 과제에 있어서도 학생들의 사고, 경험 및 흥미를 반영하도록 한다.

④ 교수자와 학습자들 그리고 학습자들 간의 대화를 격려한다. 교수자는 사려 깊고 개방적인 질문을 하고 학습자들이 서로 질문을 하도록 자극함으로써 탐구를 촉진한다. 전래놀이를 통한 인성교육을 이행할 때도 학생들이 서로 전래놀이에 대한 의견을 나누는 가운데 존중과 배려라는 인성의 가치·덕목을 경험하고 개념을 정립해 나가도록 한다.

⑤ 수업에서 교수자는 조작적, 물리적 자료와 더불어 근거가 명확한 자료를 제시한다. 또한 학습 과제를 체계화하기 위해 '분류한다, 분석한다, 예측한다, 구성한다' 등의 인지적 용어를 사용한다. 전래놀이 활용에 기반을 둔 인성교육의 경우 학습 과제로 초등학생들이 전래놀이의 방법을 경험한 후 분석해보고 새로운 방법을 재구성해본다 등과 같은 용어를 적용한다.

⑥ 학습자들의 초기 반응을 정교화하도록 한다. 정교화는 어떤 정보에 조작을 가하여 정보가 갖는 의미의 깊이와 폭을 더욱 심화, 확장하는 사고전략이다. 이와 같은 조작은 인지적인 면과 정서적인 면에서 이루어질 수 있다. 예를 들어 전래놀이 가운데 쌍륙이라는 명칭, 개념 및 놀이 방법을 배우고(인지적인 면), 오늘날 전국대회도 개최되고 있는 쌍륙을 문화적으로 자랑스럽게

생각하고 보전해야겠다는 마음을 갖게 되면(정서적인 면) 쌍륙에 관한 정보가 정교화됨과 동시에 쌍륙 놀이 문화에 깃든 예(禮)의 가치·덕목도 오래 기억하게 되는 것이다.

⑦ 학습자들이 필요한 정보를 수집해야 할 때 인쇄물뿐 아니라 인터넷 자료 혹은 전문가를 활용하는 등의 다양한 대안을 낼 수 있도록 독려한다. 특히 각자의 아이디어를 지지하는 자료를 모으고 새로운 지식에 비춰 사고를 재형성할 수 있게 한다. 전래놀이의 경우에도 또래와의 놀이 과정에 필요한 정직이나 책임의 가치·덕목이 실생활에서 부딪히게 되는 문제 상황의 해결에 적용되는 맥락을 찾아볼 수 있도록 한다.

⑧ 학습자들이 학습 내용에 대해 반성하고 분석할 수 있도록 적절한 시간을 안배한다. 예를 들어 학습자들이 자기성찰적 실천을 이행하는 기회를 마련한다. 자기성찰적 실천은 자신의 개인적인 경험이나 일상적인 현상에 의문을 가져보고 분석하는 인지적 습관을 의미한다. 이는 지금껏 그냥 지나쳐오거나 당연하게 받아들였던 경험이나 현상을 분석해 그 대안을 찾아봄으로써 새로운 시각을 발견하고 자신의 견해를 좀 더 논리적이며 설득력 있게 제시할 수 있게 한다. 전래놀이를 통한 인성교육이라면 활동을 마무리하면서 이번 수업을 통해 학생들이 갖게 된 생각과 느낌을 이야기 나누어보도록 한다.

(3) 교육 환경

구성주의에서는 지식의 사회적 구성 즉 맥락성을 강조한다. 지식은 사회집단의 구성원으로서 개인이 경험한 바에 개별적인 해석과 의미를 부여한 것이므로 개개인이 가지고 있는 지식은 사회적 협상의 산물이며 서로 간 대화의 결과로 공유되는 것이다(김판수 외, 2003). 따라서 지식은 시간의 흐름이나 장소에 따라서도 달라질 수 있다. 각 학습자에게 주어진 상황 즉 맥락 속에서 인식되는 것이 구성주의에서의 지식이기 때문이다(정봉경, 2011). 지식의 가치는 그 지식을 구성하는 주체가 그 지식을 얼마나 유용하게 사용하는가에 따라 달라진다. 각자의 맥락 속에서 습득되고 생성된 지식을 어떻게 활용하는가가 중요하다. 학습자들이 삶 속에서 활용하는 지식은 반성적 사고의 과정을 통해 더욱 정교해지게 된다(권덕원, 2009).

지식은 경험을 통해 구성되며, 학습은 자신의 경험에 근거하여 의미를 부여하게 되므로 구성주의에서는 다양한 도구와 정보 자원을 활용해 서로 협력하여 학습할 수 있는 환경을 학습자들에게 제공해야 한다. 이러한 교육 환경은 학습자들이 의도한 학습 목표를 성취하고 과제를 해결할 수 있도록 뒷받침해 주게 된다(조영남, 1998).

전래놀이를 활용해 인성교육을 실시함에 있어 구성주의의 교육 환경으로는 첫째, 초등학생들이 학습 목표를 달성할 수 있는 자기 주도적이고 도전적인 문제 해결의 과정이 이루어질 수 있는 공간이 유용하다. 둘째, 교육 공간은 교수자와 학생들 그리고 학생들 간 대화가 활발히 이루어지며 서로 협력할 수 있는 협동적 학습의 장(場)이 되어야 한다. 셋째, 학생들에게 다양한 경험을 제공하여 다각적인 관점에서 해석하도록 도와주는 도구나 자료가 준비된 환경이어야 한다. 넷째, 물리적 공간의 사용은 융통성이 있어 전래놀이의 형태와 상황에 따라 여러 용도로 사용할 수 있어야 하고 변형도 가능해야 한다. 다섯째, 적당한 소란과 움직임을 수용할 수 있어야 한다. 학생들의 사회적 상호작용은 전래놀이 중에 일어나는 논쟁이나 토론 활동에서 이루어지게 되기 때문이다(정연희, 2003; 서희선, 2007).

(4) 교육 활동

① 교육 목적 및 목표

기존의 교육이 교수자가 중심이 되어 설계한 교육 목적과 목표를 모든 학습자들이 동일한 수준으로 달성하기를 기대하는 것과는 달리 구성주의에서는 동일한 교육 환경이라 할지라도 지식을 습득한 결과는 학습자마다 다를 수 있다고 본다. 이 점을 염두에 두고 구성주의에서는 학습 내용이 학습자들의 문제 상황 해결에 실용적으로 적용될 수 있는 점을 부각하는 학습자 활동 중심의 교육 목적을 설정한다. 교육 목표는 학습자들이 과제에 대해 깊이 있게 사고할 수 있도록 해결 방안을 계획하고 실행하는 데 둔다. 또한 학습자들이 공동으로 과제를 수행하며 사회적 상호작용으로 다른 학습자들의 경험을 배우는 과정에서 보다 다양한 관점을 깊이 이해할 수 있도록 한다.

이와 같은 구성주의에 기반을 두고 전래놀이를 활용한 인성교육을 시행하는 목적은 인성교육진흥법에 명시된 교육 목적에 부합이 될 수 있다. 즉 자신의 내면을 바르고 건전하게 가꾸는 자기관리의 측면과 타인·공동체·자연과 더불어 살아가는 대인관계의 측면에서 인간다운 성품과 역량을 기르는 인성교육은 학습자 활동 중심의 교육 목적을 지향한다. 전래놀이를 활용한 인성교육의 목표를 설정할 때도 자기관리의 측면과 대인관계의 측면을 고려한다. 이에 첫 번째 교육 목표는 학생들이 능동적 주체가 되어 전래놀이의 지식과 기능을 습득하면서 자신이 수행해야 하는 전래놀이의 과제를 정직하게 규칙을 준수하며 책임감을 갖고 완수하는 데 있다. 두 번째 교육 목표는 전래놀이의 기존 형태를 변형하는 방안을 탐구함에 있어 학생 개개인은 다른 학생들과 상호 존중과 배려를 통해 새로운 놀이 방법을 예측 및 실험하여 재구성하는 소통과 협력이 이루어지는 데 있다.

② 교육 내용

구성주의적 관점에 기초하여 교육 내용을 선정할 때는 학습자들의 학습에 대한 능동성과 습득한 지식의 실제적인 활용을 고려해야 한다.

이에 전래놀이를 활용하여 초등학생 인성교육을 실시함에 있어 적합한 활동 내용을 선정하기 위해 <표 6>에 제시한 바와 같이 세 가지 기준을 토대로 한다.

먼저 총체적 기준으로 인성교육진흥법에 명시된 인성교육의 목적에 부합되고 인성교육 종합계획의 비전 및 목표와 연계되는 활동을 선정한다. 세부적 기준으로는 인간다운 성품인 인성의 가치·덕목 함양, 지식·공감·소통의 역량 배양, 학생들의 발달 수준 고려, 학생들의 경험과 흥미 반영, 다양한 놀이 형태와 도구의 활용, 학생들에 의한 전래놀이 재구성의 가능성, 규칙을 준수하며 안전을 기할 수 있는 활동을 선정한다. 운영적 기준으로는 주 1회 90분의 시간으로 지역사회기관의 교육 공간에서 소집단 협동학습이 이루어질 수 있는 활동을 선정한다.

<표 6> 인성교육을 위한 전래놀이 활동 내용의 선정기준

구분	내용
총체적 기준	- 인성교육진흥법에 명시된 인성교육의 목적에 부합되는 활동 - 인성교육 종합계획의 비전, 목표와 연계되는 활동
세부적 기준	- 인간다운 성품인 인성의 가치·덕목을 함양하는 활동 - 지식·공감·소통의 역량을 기를 수 있는 활동 - 학생들의 발달 수준을 고려하는 활동 - 학생들의 경험과 흥미를 반영하는 활동 - 다양한 놀이 형태와 도구를 활용할 수 있는 활동 - 학생들에 의해 전래놀이의 재구성이 이루어질 수 있는 활동 - 규칙을 지키며 안전하게 이행할 수 있는 활동
운영적 기준	- 주 1회 90분의 시간에 진행될 수 있는 활동 - 지역사회기관의 교육 공간에서 이행될 수 있는 활동 - 소집단으로 협동학습이 이루어질 수 있는 활동

③ 교육 방법

구성주의 관점에서는 학습자들이 상호작용을 통해 사회적 기능을 배우고 대안적 견해를 공유하는 협동학습을 중요시한다. 협동학습은 전체 학습자들을 몇 개의 소집단으로 구성하고 각각에 속한 학습자들이 책임감을 갖고 학습활동에 참여하도록 하는 교육 방법이다. 이러한 협동학습은 학습자 개개인, 집단 구성원들 간의 학습을 효율적으로 증진하기 위한 역동적인 관계망을 형성한다(신은경, 2012). 예를 들어 각 학습자가 자신의 아이디어를 다른 학습자들에게 전달하여 의미 구성을 위해 함께 노력할 때 관점에 점진적인 구조적 변화가 이루어져 보다 발전적인 아이디어를 구성하게 되는 것이다.

협동학습의 주요 특징으로는 첫째, 학습자는 자신의 수행이 다른 학습자들에게 도움이 되고, 다른 학습자들의 수행도 자신에게 도움이 됨을 인식하여 긍정적인 상호 의존감을 갖고 공동으로 과제를 수행한다. 둘째, 집단 구성원들이 면대면 상호작용으로 서로에게 관심을 두고 격려하며 개방적, 허용적인 태도를 지지한다. 셋째, 집단 구성원 각자의 수행이 집단 전체의 수행 결과에 영향을 주며, 집단 전체의 수행은 구성원 각자의 수행에 다시 영향을 주기 때문에 개별적 책무성이 존재한다. 넷째, 학습자들은 서로를 존중하여 정확한 소통을 위해 노력하고, 도움을 주고받으며 과제를 공동으로 해결하려는 사회적 기술을 강화한다. 다섯째, 집단의 구성원들 모두가 적극적으로 학습활동에 참여하고 협동학습에서 요구되는 규칙과 기술을 익힌다. 또한 구성원들이 학습활동을 평가하고, 효과적으로 과제의 해결 방법을 적용하도록 격려하는 집단의 과정화(김경원, 2009)가 이루어진다.

협동학습의 하나인 LT(Learning Together: 함께 학습하기) 협동학습은 일반적으로 2~6명 정도로 소집단을 구성하여 구성원들이 함께 과제와 보상 그리고 평가를 받게 되는 방법이다. 따라서 학습자들은 공동의 과제 구조를 통해 함께 학습하고 개인의 성취와 협동적 행위를 연관시킴으로써 긍정적 상호의존성을 가지게 되며 교수자는 학습자들의 집단 활동을 관찰하여 활동에 필요한 협력적 기능이나 과제 수행에 대한 피드백과 지원을 하게 된다(전성연 외, 2010; 함소희, 2016).

정문성(2006)이 제안한 LT 협동학습의 절차는 <표 7>과 같이 수업 목표의 상세화 → 집단의 크기 결정 → 학습자들의 집단 배치 → 교실의 구성 → 상호의존성을 높이는 수업 계획 → 상호의존성을 보증하는 역할 분담 → 과제에 대한 설명 → 긍정적 목표 상호의존성의 구조화 → 개별적 책무성의 구조화 → 집단 간 협동의 구조화 → 성취 기준 설명 → 바람직한 행동의 상세화 → 학습자들의 행동 모니터링 → 과제 지원 → 개입을 통한 협력적 기능 지도 → 수업 마무리 → 학습자들의 학습에 대한 평가 → 집단 활동에 대한 평가로 진행된다.

구체적으로 살펴보면 수업 목표의 상세화는 수업을 실행하기 전 교수자가 과제의 개념을 분석해 학습자들의 발달 수준에 맞는 수업 목표를 설정하는 것이다. 또한 학습자들의 협력적 기능의 목표도 제시한다. 집단의 크기 결정에 있어 소집단의 크기는 과제의 특성에 따르되 일반적으로 2~6명의 학습자들로 구성된다. 집단 배치는 개별 소집단의 학습자들이 이질적으로 구성되도록 하여 학습자들의 사고의 정교화와 다양한 관점들의 교류가 이루어질 수 있게 한다.

교실의 구성은 각 집단이 다른 집단들을 방해하지 않고 대화를 나눌 수 있어야 한다. 또한 교수자와 학습자들이 수업에 필요한 도구를 가지고 집단 활동을 원활히 수행할 수 있는 공간이 되어야 한다.

<표 7> LT(Learning Together) 협동학습의 절차

구분	특징
수업 목표의 상세화	수업을 실행하기 전 교수자는 과제의 개념을 분석해 학습자들의 발달 수준에 맞는 수업 목표를 설정해야 함. 또한 학습자들의 협력적 기능 목표를 제시함.
집단의 크기 결정	소집단의 크기는 일반적으로 2~6명의 학습자들로 구성되며 과제의 특성에 따라 결정됨.
학습자들의 집단 배치	개별 소집단의 학습자들은 이질적으로 구성되어 학습자들의 사고의 정교화와 다양한 관점들의 교류가 이루어질 수 있도록 함.
교실의 구성	각 집단이 다른 집단들을 방해하지 않고 대화를 나눌 수 있어야 함. 또한 교수자와 학습자들이 수업에 필요한 도구를 가지고 집단 활동을 원활히 수행할 수 있는 공간이어야 함.
상호의존성을 높이는 수업 계획	교수자는 자료의 상호의존(예: 각 집단에 하나의 자료를 주어 학습자들이 그 자료를 보면서 협동), 정보의 상호의존(예: 하나의 자료를 조각으로 나누어 주고 학습자 각자가 주어진 자료로 전체적 과제를 완성하도록 하여 협동), 다른 집단과의 경쟁(예: 다른 집단들과의 경쟁을 통해 동일 집단 내 학습자들의 협동) 활동으로 학습자들 간 상호의존을 높이도록 함.

구분	특징
상호의존성을 보증하는 역할 분담	역할 분담을 하여 각 집단의 구성원들이 협동심을 통해 서로를 보완하도록 함.
과제에 대한 설명	교수자가 학습자들에게 과제에 대한 개념과 수행 절차를 상세히 설명함.
긍정적 목표 상호의존성의 구조화	교수자는 과제의 구조화(예: 집단의 구성원들에게 과제를 분담하게 하되 하나의 결과물을 제출하거나 발표하게 하여 과제의 이해도를 점검)와 보상의 구조화(예: 각 집단의 구성원들이 일정 기준 이상의 성취를 보였을 때 그 집단에 보너스 점수를 부여하여 협동을 촉진)를 이행함.
개별적 책무성의 구조화	교수자는 학습자들이 과제를 완수할 수 있도록 집단 활동을 점검하고 질문을 통해 각자의 책무를 강조함 .
집단 간 협동의 구조화	집단 활동의 협동학습은 구성원들의 상호작용을 통해 집단들 사이의 협동으로도 확장될 수 있음.
성취 기준 설명	한 학습자가 다른 학습자의 목표를 방해하면서 자신의 목표를 이루지 않도록 교수자는 성취 기준을 명확히 설명해주어야 함.
바람직한 행동의 상세화	교수자는 협동학습 활동에서 요구되는 바람직한 행동들(예: 다른 학습자 배려하기, 존중하기)을 학습자들에게 설명해주도록 함.
학습자들의 행동 모니터링	교수자는 학습자들이 협동 활동을 원활히 수행하는지 면밀하게 관찰해야 함.
과제 지원	교수자는 학습자들이 과제를 완수할 수 있도록 적절한 도움을 주도록 함.
개입을 통한 협력적 기능 지도	협동 활동에 어려움을 느끼는 집단이 있을 경우 교수자가 개입하여 협력적 기능의 필요성을 인식시켜 주어야 함.
수업의 마무리	학습자가 수업내용을 이해하고 활용할 수 있도록 교수자가 요점을 요약해주며 학습자들과의 질의응답을 통해 수업을 마무리함.
학습자들의 학습에 대한 평가	모든 학습자들이 과제로 수행한 최종 결과물에 대해 양적, 질적 평가를 실시함.
집단 활동에 대한 평가	개별 집단뿐 아니라 전체 집단의 협동학습 활동에 대해서도 평가를 함.

출처: 정문성(2006), 협동학습의 이해와 실천. 교육과학사.

상호의존성을 높이는 수업 계획으로 교수자는 자료에 대한 상호의존(예: 각 집단에 하나의 자료를 주어 학습자들이 그 자료를 보면서 협동), 정보의 상호의존(예: 하나의 자료를 조각으로 나누어 주고 학습자 각자가 주어진 자료로 전체적 과제를 완성하도록 하여 협동), 다른 집단과의 경쟁(예: 다른 집단들과의 경쟁을 통해 동일 집단 내 학습자들의 협동) 활동 등을 통해 학습자들 간 상호의존성을 높이도록 한다. 이러한 상호의존성을 보증하기 위해서는 역할 분담을 하여 각 집단의 구성원들이 협동심을 갖고 서로를 보완하도록 해야 한다. 또한 교수자가 학습자들에게 과제에 대한 개념과 수행 절차를 상세히 설명을 해주도록 한다.

긍정적 목표 상호의존성의 구조화에 있어 교수자는 과제의 구조화(예: 집단의 구성원들에게 과제를 분담하게 하되 하나의 결과물을 제출하거나 발표하게 하여 과제의 이해도를 점검)와 보상의 구조화(예: 각 집단의 구성원들이 일정 기준 이상의 성취를 보였을 때 그 집단에 보너스 점수를 부여하여 협동을 촉진)를 이행한다. 또한 개별적 책무성의 구조화를 위해 교수자는 학습자들이 과제를 완수할 수 있도록 집단 활동을 점검하고 질문을 통해 각자의 책무를 강조하도록 한다. 나아가 집단 간 협동의 구조화가 이루어지면 협동학습은 구성원들의 상호작용을 통해 집단들 사이의 협동으로도 확장될 수 있다.

성취 기준 설명은 한 학습자가 다른 학습자의 목표를 방해하면서 자신의 목표를 이루지 않도록 교수자가 성취 기준을 명확히 설명해주는 것이다. 바람직한 행동의 상세화는 교수자가 협동학습 활동에서 요구되는 바람직한 행동들(예: 다른 학습자 배려하기, 존중하기)을 예시를 들어 학습자들에게 설명해주는 것이다.

교수자는 학습자들의 행동을 모니터링하여 학습자들이 협동활동을 원활히 수행하는지 면밀하게 관찰해야 한다. 과제 지원은 학습자들이 과제를 완수할 수 있도록 교수자가 적절하게 도움을 주는 것을 의미한다. 개입을 통한 협력적 기능 지도는 협동 활동에 어려움을 느끼는 집단이 있는 경우에 교수자가 개입하여 협력적 기능의 필요성을 인식시켜 주는 것이다.

수업의 마무리에 있어서는 학습자들이 수업내용을 이해하고 활용할 수 있도록 교수자가 요점을 요약해주며 학습자들과 질의응답을 이행한다.

학습자들의 학습에 대한 평가는 모든 학습자들이 과제로 수행한 최종 결과물에 대해 양적, 질적 평가를 실시하는 것이다. 집단 활동에 대한 평가는 개별 집단뿐 아니라 전체 집단의 협동학습 활동에 대해서도 평가가 이루어지게 된다.

이상과 같은 LT 협동학습의 적용은 전래놀이를 활용한 인성교육에 있어서도 적합하다. 전래놀이에서 집단 구성원들의 협동학습은 공동의 목표 달성을 위해 서로 도움을 주고받는 긍정적인 상호작용을 활발히 하며 이 과정에서 구성원들은 원활한 소통을 통해 상호작용을 극대화하여 인지적, 감정적, 정의적 성장을 촉진할 수 있는 조건을 만들게 되기 때문이다(장민영, 2019).

이에 전래놀이를 통한 인성교육을 시행함에 있어 협동학습은 학생들 간에 상호 존중과 협력을 강화하여 서로의 관점과 처지를 이해하고 공감하는 원동력이 될 수 있다.

④ 교육 평가

구성주의에 기반을 둔 협동학습에서의 교육 평가는 학습자들 뿐 아니라 집단도 평가대상에 포함되기 때문에 다각적이다. 또한 평가는 교수자의 관점에만 국한하지 않고 학습자들의 관점에도 주목하여 학습자 개개인이 어느 정도 학습을 성취했는지를 확인하게 된다(신은경, 2012).

전래놀이를 활용해 시행하는 인성교육의 평가 방법도 학습과 통합된 과정 지향적, 수행 중심적 평가로 다양성을 추구한다. 특히 전래놀이 과제 수행 후 교수자와 학생들은 활동을 마무리하면서 이번 수업을 통해 갖게 된 생각과 느낌에 대해 이야기를 나누어보도록 한다. 즉 학생들이 집단 협동학습을 수행한 것에 대한 반성의 기회를 갖도록 하여 과제 해결을 위해 어떤 방법이 성공적이었는지 혹은 성공적이지 못했는지, 다음을 위해서는 어떠한 점을 반드시 기억해야 하는지, 그리고 앞으로는 어떤 방법으로 문제 해결을 수행해야 하는지 등을 사고해 보도록 한다. 이러한 평가의 과정을 통해 다른 학생들과 함께 전래놀이를 수행한 집단 협동학습에서 경험하게 된 인성의 가치·덕목을 앞으로 실생활 가운데 맞닥뜨리게 되는 문제 상황의 맥락에서 지혜로운

해결 방안으로 적용할 수 있는 역량으로 한층 발전시켜 나가게
될 것이다.

제3장

구성주의에 기반을 둔 전래놀이 활용 인성교육의 실제

1. 인성교육을 위한 전래놀이의 선정 및 활동 단계

1) 인성교육을 위한 전래놀이의 선정

초등학생 인성교육을 위한 전래놀이 활동을 선정함에 있어 앞서 기술한 바와 같이 총체적, 세부적, 운영적 기준을 우선 고려한다. 즉 총체적 기준으로 인성교육진흥법에 명시된 인성교육의 목적에 부합되고 인성교육 종합계획의 비전 및 목표와 연계되는 활동을 선정한다. 세부적 기준으로는 인간다운 성품인 인성의 가치·덕목 함양, 지식·공감·소통의 역량 배양, 학생들의 발달 수준 고려, 학생들의 경험과 흥미 반영, 전래놀이의 방법과 도구 활용에 있어 학생들에 의한 재구성의 가능성, 그리고 규칙을 준수하며 안전을 기할 수 있는 활동을 선정한다. 운영적 기준으로는 주 1회 90분의 시간 동안 지역사회기관의 교육 공간에서 소집단으로 협동학습이 이루어질 수 있도록 한다.

다음의 <표 8>은 인성교육을 위한 전래놀이 10가지와 각각에 관련된 인성의 가치·덕목을 제시한 것이다. 이들 전래놀이는 구성주의에 기반을 두고 학생들이 소집단 내에서 협동학습을 통해 놀이의 방법이나 도구를 재구성하는 것이 가능할 수 있도록 놀잇감을 활용하는 활동을 중심으로 선정한 것이다. 이에 산가지 놀이, 공기놀이, 윷놀이, 수건돌리기 놀이, 팽이 놀이, 제기차기 놀이, 비사치기 놀이, 자치기 놀이, 투호 놀이를 제시하고, 소꿉놀이를 응용한 다례 놀이도 포함한다.

<표 8> 인성교육을 위한 전래놀이와 인성 가치·덕목

구분		정직	책임	존중	배려	소통	협동	예 (禮)	효 (孝)
1	산가지 놀이	*	*	*	*	*	*		
2	공기놀이	*	*	*	*	*	*		
3	윷놀이	*	*	*	*	*	*		
4	수건돌리기 놀이	*	*	*	*	*	*		
5	팽이 놀이	*	*	*	*	*	*		
6	제기차기 놀이	*	*	*	*	*	*		
7	비사치기 놀이	*	*	*	*	*	*		
8	자치기 놀이	*	*	*	*	*	*		
9	투호 놀이	*	*	*	*	*	*	*	
10	다례 놀이	*	*	*	*	*	*	*	*

지역사회기관의 여건에 따라 이들 전래놀이를 활용한 인성교육은 주 1회 1가지씩 순차적으로 시행할 수도 있고, 필요에 따라 선택적으로 적용할 수도 있다.

다음으로 각 놀이와 연관된 인성의 가치·덕목을 살펴보면 10가지 전래놀이 모두 놀이의 규칙을 지키는 정직, 소집단의 구성원으로 자신의 역할을 다하는 책임, 다른 학생들의 놀이 의견에 대한 존중, 놀이 방법이나 도구를 재구성하는 데 있어 다른 학생의 생각에 공감하는 배려, 견해의 차이로 갈등이 있을 때 이를 해결해 나가는 소통, 집단 간 대항에서 자신이 속한 소집단의 구성원들과 협력하는 협동의 역량이 강화되도록 인성교육을 시행한다. 또한 투호는 본래 예의를 중시하는 놀이였던 역사성을 반영하여 예(禮)의 가치·덕목도 포함한다. 한편 다례(茶禮) 놀이의 경우에는 지역사회기관의 교육 공간에서 초등학생과 부모가 함께 참여하도록 하여 효(孝)의 가치·덕목을 함양하는 교육이 이루어지도록 한다.

2) 인성교육을 위한 전래놀이의 활동 단계

전래놀이를 활용한 인성교육의 활동 단계는 구성주의 인지 도제이론의 교수학습 방법을 적용하여 다음의 <표 9>와 같이 도입 → 전개 → 마무리의 과정으로 진행된다.

구체적으로 도입 과정에서는 지역사회기관의 교육 공간에서 만난 학생들끼리 인사를 나누며 친해질 수 있는 시간을 갖도록 한다. 다음은 교수자가 학생들이 수행할 전래놀이에 대한 학생들의 흥미와 호기심을 불러일으키는 동기유발의 단계이다. 또한 교수자는 오늘 이행할 전래놀이에 대한 학생들의 경험을 듣고 이야기를 나눈다.

전개 과정은 전래놀이 설명하기 → 전래놀이 수행하기 → 전래놀이 재구성하기의 순으로 이행되며 인지 도제이론 교수학습 방법의 6개 단계와 연계된다. 먼저 전래놀이 설명하기는 교수자가 전래놀이의 개념, 방법, 규칙 등을 설명한 후 시범을 보이고 학생들은 관찰을 하는 모델링 단계이다. 이때 교수자는 학생들에게 놀이 방법과 도구 사용법에 대한 지식만을 전달하는 것이 아닌 학생들이 서로 규칙을 지켜 안전하게 놀이를 하려면 어떻게 소통하고 배려해야 하는지를 설명한다. 다음으로 전래놀이 수행하기는 소집단이나 대집단을 구성하여 학생들이 전래놀이 과제를 수행하고 교수자는 이를 관찰해 피드백이나 힌트로 도움을 주는 코칭 단계, 학생들의 전래놀이 수행이 보다 능숙해질 수 있도록 교수자가 세세한 부분을 다시 지도해 도움을 주는 스캐폴딩 단계, 학생들이 전래놀이를 직접 설명하거나 시연해보는 명료화 단계, 집단에서 전래놀이를 해보며 다른 학생들과 자신의 전래놀이 수행을 비교해보는 반성적 사고 단계로 이루어진다. 그다음으로 전래놀이 재구성하기는 소집단별로 학생들이 기존 전래놀이 방법이나 도구의 변형을 토의하여 새로운 놀이를 구성해 실시하는 탐구 단계이다. 이때 교수자는 사려 깊고 개방적인 질문을 하고 학생들도 상호 질문으로 탐구를 촉진한다. 또한 교수자는 학생들 각자가 소집단 내에서 자기를 조절하여 책임을 완수해야 함을 강조하여 협력적 관계를 고취한다. 다음으로 각 소집단에서 재구성한 전래놀이를 소개한 후 어느 집단에서 만든 놀이가 더 흥미롭고 새로운지 토의로 결정하여 그 놀이를 시행해본다.

마무리 과정은 재구성한 전래놀이에 대한 학생들의 생각과 느낌을 나누는 평가 단계이다. 평가 내용으로는 다른 학생들과 함께 협동학습으로 재구성한 전래놀이를 기존의 전래놀이와 비교해보고 어떤 방법이 성공적이었는지 혹은 성공적이지 못했는지, 다음을 위해서는 어떤 점을 수정해야 하는지 생각해보도록 한다. 또한 학생들이 집단에서 협동학습을 수행하면서 느낀 점에 대해 이야기하는 시간을 갖는다.

<표 9> 인성교육을 위한 전래놀이의 활동 단계

구분	활동 단계	특징
도입 (10분)	동기유발하기	교수자가 오늘 학생들이 수행할 전래놀이에 대한 학생들의 흥미를 불러일으키는 단계
전개 (60분)	전래놀이 설명하기	교수자가 전래놀이의 개념, 방법, 규칙을 설명한 후 시범을 보이고 학생들은 관찰을 하는 단계 (모델링)
	전래놀이 수행하기	소집단이나 대집단을 구성하여 학생들이 전래놀이 과제를 수행하고 교수자는 이를 관찰해 피드백이나 힌트로 도움을 주는 단계(코칭)
		학생들의 전래놀이 수행이 보다 능숙해질 수 있도록 교수자가 세세한 부분을 다시 지도해 도움을 주는 단계(스캐폴딩)
		학생들이 전래놀이를 직접 설명하거나 시연해보는 단계(명료화)
		집단에서 전래놀이를 해보면서 다른 학생들과 자신의 전래놀이 수행을 비교해보는 단계(반성적 사고)
	전래놀이 재구성하기	소집단별로 학생들이 기존 전래놀이 방법이나 도구의 변형을 토의하여 새로운 놀이를 구성해 소개하고 실시해보는 단계(탐구)
마무리 (20분)	평가하기	재구성한 전래놀이에 대해 학생들이 생각과 느낌을 나누는 단계

2. 전래놀이를 활용한 인성교육의 방안

1) 산가지 놀이와 인성교육

(1) 산가지 놀이의 개념과 방법

산가지는 '셈하다'의 '산(算)'과 나뭇가지의 '가지'로 이루어진

합성어이다. 본래 산가지는 수를 셀 수 있는 특별한 도구가 없었
던 시대에 수를 셈하기 위해 수숫대, 싸릿대, 대나무 등을 깎아
서 만든 짧고 가는 대를 말한다. 이후 주판이 나오면서 산가지는
놀잇감으로 변용이 되었다(김민석, 2015).

  산가지 놀이로는 산가지 떼어 내기, 산가지 높이 쌓기, 산가지
로 여러 가지 모양 만들기, 산가지의 형태 바꾸기,35) 산가지의
삼각형 없애기36) 등이 있다. 또한 놀이의 규칙을 이해하면 산가
지 놀이의 변형을 만들 수 있고, 도구(예: 나무젓가락, 성냥개비,

---

35) 산가지 놀이 중 산가지 형태 바꾸기는 산가지로 어떤 형태를 만든 뒤 몇 개의 산가지를 움
   직여 방향이나 모양을 바꾸도록 하는 놀이이다. 한 편에서 문제를 내고 다른 편에서 문제
   의 조건에 맞춰 푼다. 예를 들어 아래의 왼쪽 그림처럼 11개의 산가지로 집을 만든 다음
   산가지 1개를 옮겨 집의 방향이 달라지도록 만들 수 있다. 또한 아래의 오른쪽 그림처럼
   8개의 산가지로 날아가는 새 모양을 만든 다음 산가지 3개를 옮겨 새가 날아가는 방향을
   바꾸는 등의 놀이를 이행할 수 있다.

36) 산가지 놀이에서 삼각형 없애기는 형태 바꾸기와 유사하지만 이것은 산수 문제로 풀어야
   한다는 점에서 차이가 있다. 다음의 그림처럼 9개의 산가지로 3개의 삼각형을 나란히 만
   들어놓고 가운데 삼각형에서 산가지 2개를 오른쪽 삼각형의 옆으로 옮긴다. 이렇게 하면
   그 모양은 삼각형 1개에서 삼각형 1개를 뺀 모양이 되고 답은 영(0)이 되어 결국 삼각형
   3개가 모두 없어지는 셈이 된다(이영덕, 1997).

빨대 등)를 다르게 활용할 수도 있다(조경순, 2014).

산가지 떼어 내기를 예로 들면 학생들이 가위바위보로 순서를 정한 후 각자 산가지를 하나씩 손에 쥔다. 가위바위보에서 1등을 한 학생이 나머지 산가지를 손에 쥐고 흔들다가 땅에 쏟고 나서 그 학생부터 손에 쥔 산가지로 땅에 흩어진 산가지를 하나씩 들어내는데 자신이 들어낸 산가지는 가져간다. 이때 다른 산가지가 움직이면 다음 학생에게로 순서가 넘어가게 된다. 마지막으로 흩어진 산가지가 모두 없어지면 산가지를 가장 많이 갖고 간 학생이 최종 승자가 된다. 이 방법에서 산가지의 색을 달리해 점수(예: 파란색은 10점, 빨간색은 5점, 노란색은 1점)를 계산하면 더욱 흥미롭게 놀이를 할 수 있다.

이와 같은 산가지 놀이를 통해 세심한 관찰력, 집중력, 손의 조정 능력, 논리적으로 생각하는 사고력, 그리고 수학적 지식 등을 얻을 수 있다(박양이, 2004; 이선영, 2011).

(2) 인성교육을 위한 산가지 놀이의 활용

인성교육을 위한 산가지 놀이 활용(표 10)의 도입 과정에서는 지역사회기관의 교육 공간에서 만난 학생들끼리 인사를 나누고 친해질 수 있는 시간을 갖도록 한다. 다음으로 교수자는 오늘 학생들이 수행할 산가지 놀이에 대한 흥미와 호기심을 불러일으키는 동기유발의 단계로 들어간다. 또한 교수자는 산가지 놀이에 대한 학생들의 경험을 듣고 이야기를 나눈다.

전개 과정은 산가지 놀이 설명하기 → 산가지 놀이 수행하기 → 산가지 놀이 재구성하기의 단계로 진행된다. 먼저 산가지 놀이 설명하기는 교수자가 산가지 놀이의 개념, 방법, 규칙 등을 설명한 후 시범을 보이고 학생들은 관찰을 하는 모델링 단계이다. 이때 교수자는 학생들에게 놀이 방법과 도구 사용법에 대한 지식만을 전달하는 것이 아닌 학생들이 서로 규칙을 지켜 안전하게 놀이를 하려면 어떻게 소통하고 배려해야 하는지를 설명한다. 다음으로 산가지 놀이 수행하기(사진 1과 2)는 학생들이 소집단별로 산가지 놀이 과제를 수행하고 교수자는 이를 관찰해 피드백이나 힌트로 도움을 주는 코칭 단계, 학생들이 산가지 놀이에 보다 능숙해질 수 있도록 교수자가 세세한 부분을 다시 지도해 도움을 주는 스캐폴딩 단계, 산가지 놀이를 학생들이 직접 설명하거나 시연해보는 명료화 단계, 소집단에서 산가지 놀이를 해보면서 다른 학생들과 자신의 놀이 수행을 비교해보는 반성적 사고 단계로 이루어진다. 그다음으로 산가지 놀이 재구성하기(사진 3과 4)는 소집단별로 학생들이 기존 놀이 방법이나 도구의 변형을 토의하여 새로운 산가지 놀이를 구성해 실시해보는 탐구 단계이다. 이때 교수자는 사려 깊고 개방적인 질문을 하고 학생들도 상호 질문으로 탐구를 촉진한다. 또한 교수자는 학생들 각자가 소집단 내에서 자기를 조절하여 책임을 완수해야 함을 강조하여 협력적 관계를 고취한다. 다음으로 각 소집단에서 재구성한 산가지 놀이를 소개하도록 한 뒤 어느 집단에서 만든 놀이가 더 흥미롭고 새로운지 토의로 결정한다. 그다음으로 새로운 산가지 놀이를 소집단별로 해본 후 집단 간 대항을 실행한다.

마무리 과정은 재구성한 산가지 놀이에 대한 학생들의 생각을 나누는 평가 단계이다. 평가 내용으로는 다른 학생들과 함께 협동학습으로 재구성한 산가지 놀이를 기존의 놀이와 비교해보고 어떤 방법이 성공적이었는지 혹은 성공적이지 못했는지, 다음을 위해서는 어떤 점을 수정해야 하는지 생각해보도록 한다. 또한 재구성된 산가지 놀이로 승리한 집단의 학생들을 칭찬해준 후 승리할 수 있었던 이유에 대해 의견을 들어본다. 이와 더불어 교수자와 학생들이 인성의 가치·덕목을 짚어보며 소집단에서 산가지 놀이를 수행하는 가운데 느낀 점을 이야기하는 시간을 갖는다.

이상과 같이 산가지 놀이를 활용한 인성교육은 놀이를 변형해 재구성하는 것에 관한 소통 과정에서 학생들이 상호 배려와 존중으로 공감을 나누거나 의견 차이로 인한 갈등을 해결해 나가는 역량을 증진할 수 있다. 또한 다른 집단과의 대항을 위해 각 소집단의 학생들이 자신의 책임을 다하고 정직하게 규칙을 준수하게 되며, 여러 개의 산가지 중 이동시킬 것을 결정하는 데 있어 자신이 속한 집단의 학생들과 의견을 나누며 협동이 이루어지게 된다.

활 동 명	산가지 놀이	인성 가치·덕목	정직, 책임, 존중, 배려, 소통, 협동
활 동 일	년 월 일		
활동시간	시~ 시(90분)		
활동장소	지역사회기관의 교육 공간	활동주체	초등학생 20명
활동목표	○소집단에서 상호 존중, 소통, 배려로 새로운 산가지 놀이를 재구성해 제시할 수 있다. ○정직하게 규칙을 준수하며 책임감을 갖고 협력하여 새롭게 변형된 산가지 놀이를 수행할 수 있다.		
활동자료	산가지 200개, 나무젓가락 200개, 성냥개비 200개, 색 빨대 200개, 점수표		
활동과정	활동 내용	활동 시 유의점	

활동과정	활동 내용	활동 시 유의점
도입 (10분)	○인사 나누기 ○산가지 놀이에 대한 흥미 유발하기 ○산가지 놀이를 해본 경험에 대한 이야기 나누기	산가지를 보여주면서 흥미를 유발한다.
전개 (60분)	○산가지 놀이 설명하기 - 교수자가 산가지 놀이의 개념, 방법, 규칙 설명하기 - 학생들이 관찰할 수 있도록 교수자가 산가지 놀이 시범 보이기	
	○산가지 놀이 수행하기 - 5명씩 소집단을 구성하여 학생들이 산가지 놀이 과제 실행하기 - 학생들이 산가지 놀이의 방법과 규칙에 대해 설명하기 - 소집단에서 산가지 놀이를 하며 다른 학생들과 자신의 놀이 수행 비교해보기	교수자가 학생들의 놀이를 관찰하여 피드백하고, 놀이를 어려워하는 학생은 다시 지도해준다.
	○산가지 놀이 재구성하기 - 소집단별로 학생들이 산가지 놀이 방법이나 도구의 변형에 대해 토의하기 - 각 소집단에서 재구성한 산가지 놀이 소개하기 - 어느 집단에서 만든 산가지 놀이가 더 흥미롭고 새로운지 토의로 결정하기 - 토의로 결정된 새로운 산가지 놀이를 소집단별로	협동 활동에 어려움을 느끼는 집단이 있는 경우 교수자가 개입하여 협력적 기능의

	해보기 - 집단 간 대항으로 산가지 놀이 실시하기	필요성을 인식시켜 주어야 한다.
마무리 (20분)	○재구성된 산가지 놀이 평가하기 - 기존 산가지 놀이와 새로운 산가지 놀이 비교해보기	재구성한 산가지 놀이에서 성공적인 점, 수정해야 할 점에 대해 이야기를 나눈다.

	○재구성된 산가지 놀이로 승리한 집단 칭찬하기
	- 대항에서 승리한 집단을 칭찬해준 후에 산가지
	  놀이에서 승리할 수 있었던 이유에 대해 의견
	  들어보기	

	○협동학습을 통해 느낀 점 나누기 - 협동학습으로 산가지 놀이를 수행하면서 각자 느낀 점에 대해 이야기하기	인성의 가치·덕목을 짚어보도록 한다.

<사진 1> 산가지 놀이 수행하기 ①
(학생들이 나무젓가락으로 산가지를 높이 쌓아 올리는 놀이를 수행한다.
처음에는 익숙하지 않아 산가지가 기울어져 있다)

<사진 2> 산가지 놀이 수행하기 ②
(교수자가 학생들에게 산가지를 쌓아 올릴 때 한쪽으로 기울어지지 않게
균형을 맞추는 방법을 다시 지도해준다)

<사진 3> 산가지 놀이 재구성하기 ①
(놀이 방법의 변형에 대해 학생들이 토의한 후
산가지를 다시 쌓아 올린다)

<사진 4> 산가지 놀이 재구성하기 ②
(학생들이 쌓아 올린 산가지가 허물어지지 않게 조심하며 중간에서
하나씩 빼내는 방법으로 재구성한 놀이를 이행한다)

2) 공기놀이와 인성교육

(1) 공기놀이의 개념과 방법

공기는 도토리 크기의 조그맣고 동그란 돌들을 가지고 노는 놀이이다. 이러한 공깃돌 대신 요즘에는 플라스틱이나 지점토로 만든 공기를 사용하기도 한다.

공기놀이는 19세기의 기록인 이규경(李圭景, 1788-1856)의 『오주연문장전산고(五洲衍文長箋散稿)』에 '공기(拱碁)'를 언급하는 내용이 있어 오래전부터 그 명칭이 사용되었음을 알 수 있다(편해문, 2003).

놀이 방법으로는 다섯 알 공기, 모둠 공기,37) 코끼리 공기,38) 바보 공기39) 등이 있다. 이 가운데 다섯 알 공기는 공깃돌을 손바닥에 쥐고 그 가운데 한 알을 위로 던져올리는 동시에 나머지 네 알은 얼른 땅바닥에 놓은 다음, 던져올린 공깃돌이 땅에 떨어지기 전에 받아야 한다. 그 공깃돌을 다시 던져올리면서 땅바닥

---

37) 모둠 공기는 많은 공기라고도 한다. 이 놀이를 위해서는 공깃돌을 50개에서 200개 정도 펼쳐 놓고 둘러앉는다. 가위바위보를 해서 이긴 쪽이 공깃돌을 한 주먹 쥐고 위로 던져 손등으로 받은 다음 다시 위로 올려서 그중 한 알을 받아낸다. 한 알을 위로 던지고 바닥의 공깃돌을 몇 개씩이건 잡을 수 있을 만큼 쓸어 잡으면서 떨어지는 공깃돌을 받는다. 이때 바닥에서 옆에 있는 공깃돌을 건드리거나 떨어지는 한 알을 합쳐 잡지 못하면 실격이 된다. 이 순서를 반복하여 바닥에서 잡은 공깃돌이 많은 쪽이 이긴다(조경순, 2014).

38) 코끼리 공기는 손바닥 안이 자루처럼 비어 있게 두 손을 모아 깍지 끼고 코끼리 코처럼 양쪽 집게손가락으로 한 알을 집어 엄지손가락으로 받으면서 손바닥 안으로 넣는 것이다. 공깃돌 두 알을 집을 때는 두 개, 세 알을 집을 때는 세 개를 포개어 넣는다(최재용·이철수, 2004).

39) 바보 공기는 5개의 공깃돌 중 한 알을 위로 던져 놓고 바닥에 떨어지기 전에 재빨리 바닥에 있는 한 알을 집는다. 한 알 집기처럼 한 알을 위로 던져 놓고 바닥에 떨어지기 전에 두 알, 세 알, 네 알을 차례대로 집는다(최재용·이철수, 2004).

의 공깃돌 한 알씩과 내려오는 것을 같이 잡기를 네 번 한다. 공깃돌을 잡을 때 옆에 있는 것을 건드리거나 내려오는 공깃돌을 못 잡으면 실격이 되어 차례가 다음 학생에게 넘어간다. 한 알씩 잡기를 성공하면 두 번째로는 두 알씩 잡기를 두 번 하고, 세 번째로는 한 번에 세 알을 잡고 나머지 한 알을 잡는다. 다음 네 번째로는 땅바닥의 네 알을 한꺼번에 쓸어 잡고, 다섯 번째로는 다섯 알을 다 쥐어서 던져 올렸다가 손등으로 받고 공깃돌을 다시 올렸다가 떨어지는 것을 다 한꺼번에 채어 잡는다. 그 다섯 번째 채어 잡기를 할 때 손등에 얹혔던 공깃돌이 셋이면 3년, 다섯이면 5년으로 계산하는데 손등에 얹혔던 공깃돌을 던져 올려 채어 잡을 때 하나라도 놓치면 실격이 된다. 그래서 손등에 얹힌 공깃돌을 손등을 움직여 떨어지지 않도록 조심하면서 채어 잡기 좋게 조절하느라고 안간힘을 쓰게 된다. 손등에 공깃돌이 하나도 얹히지 않아도 실격이 되어 다른 학생에게 넘겨주고 기다려야 한다. 그러나 이 순서들을 실수 없이 성공하면 계속할 수 있을 때까지 되풀이해서 점수를 쌓아 올라간다. 이 방법으로 할 때는 미리 몇 년 내기를 할 것인지 정해둔다(이영덕, 1997).

이와 같은 공기놀이는 손과 손가락의 움직임으로 소근육을 발달시키고 공깃돌을 던지고 받는 가운데 두뇌가 발달하게 된다. 또한 침착성과 조심성이 향상되며, 각 단계의 과정을 성공하면 성취감과 만족감을 얻게 된다(김민석, 2015).

(2) 인성교육을 위한 공기놀이의 활용

인성교육을 위한 공기놀이 활용(표 11)의 도입 과정에서는 지역사회기관의 교육 공간에서 만난 학생들끼리 인사를 나누고 친밀해질 수 있는 시간을 갖도록 한다. 다음으로 교수자는 오늘 학생들이 수행할 공기놀이에 대한 흥미와 호기심을 불러일으키는 동기유발의 단계로 들어간다. 또한 교수자는 공기놀이에 대한 학생들의 경험을 듣고 이야기를 나눈다.

전개 과정은 공기놀이 설명하기 → 공기놀이 수행하기 → 공기놀이 재구성하기의 단계로 진행된다. 먼저 공기놀이 설명하기는 교수자가 놀이의 개념, 방법, 규칙 등을 설명한 후 시범을 보이고 학생들은 관찰을 하는 모델링 단계이다. 이때 교수자는 학생들에게 놀이 방법과 도구 사용법에 대한 지식만을 전달하는 것이 아닌 학생들이 서로 규칙을 지켜 안전하게 놀이를 하려면 어떻게 소통하고 배려해야 하는지를 설명한다. 다음으로 공기놀이 수행하기(사진 5와 6)는 학생들이 소집단별로 공기놀이 과제를 수행하고 교수자가 이를 관찰해 피드백이나 힌트로 도움을 주는 코칭 단계, 학생들이 공기놀이에 보다 능숙해질 수 있도록 교수자가 세세한 부분을 다시 지도해 도움을 주는 스캐폴딩 단계, 공기놀이를 학생들이 직접 설명하거나 시연해보는 명료화 단계, 소집단에서 공기놀이를 해보면서 다른 학생들과 자신의 놀이 수행을 비교해보는 반성적 사고 단계로 이루어진다. 그다음으로 공기놀이 재구성하기(사진 7과 8)는 소집단별로 학생들이 기존 놀이 방법이나 도구의 변형을 토의하여 새로운 공기놀이를 구성해 실시해보는 탐구 단계이다. 이때 교수자는 사려 깊고 개방적인 질문을 하고 학생들도 상호 질문으로 탐구를 촉진한다. 또한 교수자는 학생들 각자가 소집단 내에서 자기를 조절하여 책임을 완수해야 함을 강조하여 협력적 관계를 고취한다. 다음으로 각 소집단에서 재구성한 공기놀이를 소개하도록 한 뒤 어느 집단에서 만든 놀이가 더 흥미롭고 새로운지 토의로 결정한다. 그다음으로 새로운 공기놀이를 소집단별로 해본 후 집단 간 대항을 실행한다.

마무리 과정은 재구성한 공기놀이에 대한 학생들의 생각을 나누는 평가 단계이다. 평가 내용으로는 다른 학생들과 협동학습으로 재구성한 공기놀이를 기존의 놀이와 비교해보고 어떤 방법이 성공적이었는지 혹은 성공적이지 못했는지, 다음을 위해서는 어떤 점을 수정해야 하는지 생각해보도록 한다. 또한 재구성된 공기놀이로 승리한 집단의 학생들을 칭찬해준 후 승리할 수 있었던 이유에 대해 의견을 들어본다. 이와 더불어 교수자와 학생들이 인성의 가치·덕목을 짚어보며 소집단에서 공기놀이를 수행하는 가운데 느낀 점을 이야기하는 시간을 갖는다.

이상과 같은 공기놀이를 활용한 인성교육은 놀이를 변형해 재구성하는 것에 관한 소통의 과정에서 학생들이 상호 배려와 존중으로 공감을 나누거나 의견 차이로 인한 갈등을 해결해 나가는 역량을 증진할 수 있다. 또한 여러 개의 공깃돌 중 손가락으로 집기에 유리한 한 알을 선택하는 것에 대해 자신이 속한 집단의 학생들과 의견을 나누며 협동이 이루어진다. 이와 더불어 다른 집단과의 대항을 위해 각 소집단의 학생들이 자신의 책임을 다하고 정직하게 규칙을 준수하는 준법성(현지애, 2007)을 키우게 된다.

<표 11> 인성교육을 위한 공기놀이 활동 계획안

활 동 명	공기놀이	인성 가치 · 덕목	정직, 책임, 존중, 배려, 소통, 협동
활 동 일	년 월 일		
활동시간	시~ 시(90분)		
활동장소	지역사회기관의 교육 공간	활동주체	초등학생 20명
활동목표	○소집단에서 상호 존중과 소통, 배려와 협력으로 새로운 공기놀이를 재구성해 제시할 수 있다. ○정직하게 규칙을 지키며, 책임감을 갖고 새롭게 변형된 공기놀이를 수행할 수 있다.		
활동자료	공깃돌 200개, 플라스틱 공기 200개, 점수표		
활동과정	활동 내용		활동 시 유의점
도입 (10분)	○인사 나누기 ○공기놀이에 대한 흥미 유발하기 ○공기놀이를 해본 경험에 대한 이야기 나누기		Youtube의 공기놀이를 보여주어 흥미를 유발한다.
전개 (60분)	○공기놀이 설명하기 - 교수자가 공기놀이의 개념, 방법, 규칙 　설명하기 - 학생들이 관찰할 수 있도록 교수자가 공기놀이 　시범 보이기		
	○공기놀이 수행하기 - 5명씩 소집단을 구성하여 학생들이 공기놀이 　과제 실행하기 - 학생들이 공기놀이의 방법과 규칙에 대해 　설명하기		교수자가 학생들의 공기놀이를 관찰하여 피드백하고, 놀이를 어려워하는 학생은

		- 소집단에서 공기놀이를 하며 다른 학생들과 자신의 놀이 수행 비교해보기	다시 지도해준다.
		○공기놀이 재구성하기 - 소집단별로 학생들이 공기놀이 방법이나 도구의 변형에 대해 토의하기 - 각 소집단에서 재구성한 공기놀이 소개하기 - 어느 집단에서 만든 공기놀이가 더 흥미롭고 새로운지 토의로 결정하기 - 토의로 결정된 새로운 공기놀이를 소집단별로 해보기 - 집단 간 대항으로 공기놀이 실시하기	협동 활동에 어려움을 느끼는 집단이 있는 경우 교수자가 개입하여 협력적 기능의 필요성을 인식시켜 주어야 한다.
마무리 (20분)		○재구성된 공기놀이 평가하기 - 기존 공기놀이와 새로운 공기놀이 비교해보기	재구성한 공기놀이에서 성공적인 점, 수정해야 할 점에 대해 이야기를 나눈다.
		○재구성된 공기놀이로 승리한 집단 칭찬하기 - 대항에서 승리한 집단을 칭찬해준 후에 공기놀이에서 승리할 수 있었던 이유에 대해 의견 들어보기	
		○협동학습을 통해 느낀 점 나누기 - 협동학습으로 공기놀이를 수행하면서 각자 느낀 점에 대해 이야기하기	인성의 가치·덕목을 짚어보도록 한다.

<사진 5> 공기놀이 수행하기 ①
(학생들이 바닥에 공깃돌을 흩어놓고 모둠 공기놀이를 한다. 처음에는 익숙하지 않아
공깃돌을 위로 던져 손등으로 받은 다음 다시 위로 올려서 채어 잡기 어렵다)

<사진 6> 공기놀이 수행하기 ②
(교수자가 학생들에게 손등으로 받은 공깃돌을 위로 올려 채어 잡는 방법을
다시 지도해준다)

<사진 7> 공기놀이 재구성하기 ①
(놀이 방법의 변형에 관해 학생들이 토의를 한다)

<사진 8> 공기놀이 재구성하기 ②
(학생들이 여섯 개의 공깃돌로 재구성한 놀이를 이행한다)

3) 윷놀이와 인성교육

(1) 윷놀이의 개념과 방법

윷놀이는 윷가락 4개를 가지고 노는 놀이이다. 윷가락의 호칭 으로는 하나를 도, 둘을 개, 셋을 걸, 넷을 윷, 다섯을 모라고 부 른다. 여기서 도는 돼지, 개는 개, 걸은 양, 윷은 소, 모는 말을 가리키는데 이 동물들은 오랫동안 사람과 더불어 살아온 가축이 다(조경순, 2014).

과거에 윷놀이는 농사의 풍흉을 점치는 도구로 사용되었다. 예를 들어 높은 지대 편과 낮은 지대 편으로 나눠 윷놀이를 해 서 높은 지대 편이 이기면 그해의 농사는 높은 지대 편이, 낮은 지대 편이 이기면 낮은 지대 편의 농사가 잘된다고 하였다. 이후 오랜 세월이 지나 삼국시대에 이르러 놀로 변화하였다(문미옥 ·손정민, 2013). 고려 시대 이색(李穡, 1328-1396)의『목은집(牧 隱集)』시고(詩藁) 권35에서 윷놀이에 관한 기록을 살펴보면 '동 방의 풍속이 예로부터 세시를 중히 여겨, 흰머리 할아범 할멈들 이 아이처럼 신이 났네. 둥글고 모난 윷판에 동그란 이십팔 개의 점'이라는 표현이 있어 세시풍속으로서 윷놀이의 전래를 짐작할 수 있다.

윷은 그 생김새에 따라 장작윷과 밤윷으로 구분된다. 장작윷은 모양이 장작처럼 생겨 붙여진 이름이다. 이는 보통 박달나무, 참 나무 혹은 밤나무로 길이 15cm, 지름 3cm 정도로 만드는데 가운 데는 굵고 양 끝은 조금 가늘게, 등은 둥글게 한다. 배는 약간 평평하게 하되 모서리를 살짝 둥글려서 구르기 좋게 한다. 밤윷은 밤알처럼 작아서 붙여진 이름으로 2~3cm 정도의 길이로 만드는데 놀이를 할 때는 작은 밥공기 같은 것에 넣어 손바닥으로 덮어 쥐고 흔든 뒤 손가락으로 그릇의 하반부를 쥐고 그 속에 든 밤윷만 땅바닥에 던진다. 이 밖에도 팥이나 콩 두 알을 절반 쪼개어 흔들어서 땅바닥에 던져 놀기도 하는데 그 사용하는 재료에 따라 팥이면 팥윷, 콩이면 콩윷이라고 한다(심우성, 1996).

놀이를 할 때는 참여하는 학생들을 몇 개의 편으로 나누고 서로 윷가락을 던져 끗수가 많고 적음에 따라 선후 차례를 정한다. 말(윷말)은 각 편이 4개씩 가지고 한다. 윷가락을 던져 도는 1칸, 개는 2칸, 걸은 3칸, 윷은 4칸, 모는 5칸 말을 옮긴다. 자기 편의 말이 있는 곳에 또 다른 말이 가게 되면 업어서 함께 이동할 수 있다. 윷가락을 던져 윷이나 모가 나오면 한 번 더 할 수 있고 다른 편의 말을 잡아도 한 번 더 윷가락을 던질 수 있다. 윷가락을 던져 나온 끗수에 따라 말을 옮기는 것을 '말(윷말) 쓰기'라고 하며, 출발점에서 시작하여 한 바퀴를 돌아 다른 편보다 먼저 4개의 말이 모두 나오면 이기게 된다. 어떤 끗수가 나올지 모르기 때문에 전체 윷판의 흐름에서 유리하게 말을 써야 이길 수 있다(윤상근, 1999).

이와 같은 윷놀이는 우연성과 윷판의 말을 쓰는 지략의 적절한 배합으로 재미와 지혜가 조합이 되는 놀이로 인지발달을 도모하며 윷가락을 던지는 역동성으로 대소 근육도 발달한다. 또한

놀이의 소재와 방법에 있어 다양성이 뛰어나 창의성을 기르는
데도 도움이 된다(문미옥·송정민, 2013).

(2) 인성교육을 위한 윷놀이의 활용

인성교육을 위한 윷놀이 활용(표 12)의 도입 과정에서는 지역
사회기관의 교육 공간에서 만난 학생들끼리 인사를 나누고 친해
질 수 있는 시간을 갖도록 한다. 다음으로 교수자는 오늘 학생들
이 수행할 윷놀이에 대한 흥미와 호기심을 불러일으키는 동기유
발의 단계로 들어간다. 또한 교수자는 윷놀이에 대한 학생들의
경험을 듣고 이야기를 나눈다.

전개 과정은 윷놀이 설명하기 → 윷놀이 수행하기 → 윷놀이
재구성하기의 단계로 진행된다. 먼저 윷놀이 설명하기는 교수자
가 윷놀이의 개념, 방법, 규칙 등을 설명한 후 시범을 보이고 학
생들은 관찰을 하는 모델링 단계이다. 이때 교수자는 학생들에게
놀이 방법과 도구 사용법에 대한 지식만을 전달하는 것이 아닌
학생들이 서로 규칙을 지켜 안전하게 놀이를 하려면 어떻게 소
통하고 배려해야 하는지를 설명한다. 다음으로 윷놀이 수행하기
(사진 9와 10)는 학생들이 소집단별로 윷놀이 과제를 수행하고
교수자가 이를 관찰해 피드백이나 힌트로 도움을 주는 코칭 단
계, 학생들이 윷놀이에 보다 능숙해질 수 있도록 교수자가 세세
한 부분을 다시 지도해 도움을 주는 스캐폴딩 단계, 윷놀이를 학
생들이 직접 설명하거나 시연해보는 명료화 단계, 소집단에서 윷

놀이를 해보면서 다른 학생들과 자신의 놀이 수행을 비교해보는 반성적 사고 단계로 이루어진다. 그다음으로 윷놀이 재구성하기(사진 11과 12)는 소집단별로 학생들이 기존 놀이 방법이나 도구의 변형을 토의하여 새로운 윷놀이를 구성해 실시해보는 탐구 단계이다. 이때 교수자는 사려 깊고 개방적인 질문을 하고 학생들도 상호 질문으로 탐구를 촉진한다. 또한 교수자는 학생들 각자가 소집단 내에서 자기를 조절하여 책임을 완수해야 함을 강조하여 협력적 관계를 고취한다. 다음으로 각 소집단에서 재구성한 윷놀이를 소개하여 어느 집단에서 만든 놀이가 더 흥미롭고 새로운지 토의로 결정한다. 그다음으로 새로운 윷놀이를 소집단별로 해본 후 집단 간 대항을 실행한다.

마무리 과정은 재구성한 윷놀이에 대한 학생들의 생각을 나누는 평가 단계이다. 평가 내용으로는 협동학습으로 재구성한 윷놀이를 기존의 놀이와 비교해보고 어떤 방법이 성공적이었는지 혹은 성공적이지 못했는지, 다음을 위해서는 어떤 점을 수정해야 하는지 생각해보도록 한다. 또한 재구성된 윷놀이로 승리한 집단의 학생들을 칭찬해준 후 승리할 수 있었던 이유에 대해 의견을 들어본다. 이와 더불어 교수자와 학생들이 인성의 가치·덕목을 짚어보며 소집단에서 윷놀이를 수행하는 가운데 느낀 점을 이야기하는 시간을 갖는다.

이상과 같은 윷놀이를 활용한 인성교육은 놀이를 변형해 재구성하는 것에 관한 소통의 과정에서 학생들이 상호 배려와 존중으로 공감을 나누거나 의견 차이로 인한 갈등을 해결해 나가는 역량을 증진할 수 있다. 또한 다른 집단과의 대항을 위해 각 소집단의 학생들이 자신의 책임을 다하고 정직하게 규칙을 준수(윤상근, 1999; 김민석, 2015)하며 윷판의 말을 쓰는 것에 대해 자신이 속한 집단의 학생들과 의견을 나누며 협동이 이루어지게 된다.

<표 12> 인성교육을 위한 윷놀이 활동 계획안

활 동 명	윷놀이	인성 가치·덕목	정직, 책임, 존중, 배려, 소통, 협동
활 동 일	년 월 일		
활동시간	시~ 시(90분)		
활동장소	지역사회기관의 교육 공간	활동주체	초등학생 20명
활동목표	○소집단에서 상호 존중, 소통, 배려로 새로운 윷놀이를 재구성해 제시할 수 있다. ○정직하게 규칙을 지키며, 책임감을 갖고 협력하여 새롭게 변형된 윷놀이를 수행할 수 있다.		
활동자료	가락윷 16개, 밤윷 16개, 콩윷 16개, 팥윷 16개, 윷판 4개, 말 16개, 도화지 4장, 크레파스 4세트, 색연필 4세트, 점수표		
활동과정	활동 내용		활동 시 유의점
도입 (10분)	○인사 나누기 ○윷놀이에 대한 흥미 유발하기 ○윷놀이를 해본 경험에 대한 이야기 나누기		국립민속 박물관 사이트의 어린이박물관 윷놀이 검색으로 흥미를 유발한다.
	○윷놀이 설명하기 - 교수자가 윷놀이의 개념, 방법, 규칙 설명하기 - 학생들이 관찰할 수 있도록 교수자가 윷놀이 시범 보이기		

전개 (60분)	○윷놀이 수행하기 - 5명씩 소집단을 구성하여 학생들이 윷놀이 과제 실행하기 - 학생들이 윷놀이의 방법과 규칙에 대해 설명하기 - 소집단에서 윷놀이를 하며 다른 학생들과 자신의 놀이 수행 비교해보기	교수자가 학생들의 윷놀이를 관찰해 피드백하고, 놀이를 어려워하는 학생은 다시 지도해준다.
	○윷놀이 재구성하기 - 소집단별로 학생들이 윷놀이 방법이나 도구의 변형에 대해 토의하기 - 각 소집단에서 재구성한 윷놀이 소개하기 - 어느 집단에서 만든 윷놀이가 더 흥미롭고 새로운지 토의로 결정하기 - 토의로 결정된 새로운 윷놀이를 소집단별로 해보기 - 집단 간 대항으로 윷놀이 실시하기	협동 활동에 어려움을 느끼는 집단이 있는 경우 교수자가 개입하여 협력적 기능의 필요성을 인식시켜 주어야 한다.
마무리 (20분)	○재구성된 윷놀이 평가하기 - 기존 윷놀이와 새로운 윷놀이 비교해보기	재구성한 놀이에서 성공적인 점, 수정해야 할 점에 대해 이야기를 나눈다.
	○재구성된 윷놀이로 승리한 집단 칭찬하기 - 대항에서 승리한 집단을 칭찬해준 후에 윷놀이에서 승리할 수 있었던 이유에 대해 의견 들어보기	
	○협동학습을 통해 느낀 점 나누기 - 협동학습으로 윷놀이를 수행하면서 각자 느낀 점에 대해 이야기하기	인성의 가치·덕목을 짚어보도록 한다.

<사진 9> 윷놀이 수행하기 ①
(학생들이 가락윷과 윷판을 가지고 놀이를 한다. 처음에는 윷판의 말 쓰는
규칙을 이해하는 것이 다소 어렵다)

<사진 10> 윷놀이 수행하기 ②
(교수자가 학생들에게 윷판의 말 쓰는 규칙을 다시 지도해준다)

<사진 11> 윷놀이 재구성하기 ①
(놀이도구의 변형에 관해 학생들이 토의해서 새로운 윷판을 그리고 규칙을 작성한다)

<사진 12> 윷놀이 재구성하기 ②
(학생들이 새로운 도구와 규칙으로 재구성한 윷놀이를 이행한다.
윷판에 작성한 규칙대로 코끼리 코를 돌고 나서 한 발로 설 수 있어야
자기편의 말이 출구로 나올 수 있다)

4) 수건돌리기 놀이와 인성교육

(1) 수건돌리기 놀이의 개념과 방법

수건돌리기 놀이는 여러 명의 학생들이 모여 수건을 돌리며 노는 놀이이다. 한국 아동 놀이의 지속과 변화를 연구한 이상호 (2018)에 의하면 역사적으로 근대 시기에 수건과 같은 생활용품이 놀잇감으로 사용되기 시작했다고 한다. 이러한 수건돌리기 놀이는 여럿이 둘러앉을 수 있는 곳이면 어디서나 즐길 수 있다. 또한 수건돌리기는 크거나 작은 수건을 사용할 수 있으며, 노래를 부르면서 진행이 이루어진다.

첫 번째 놀이 방법으로는 학생들이 가위바위보로 술래를 정하고 둥글게 둘러앉는다. 술래는 보통 한 명이지만 학생들의 수가 많거나 놀이 자체의 긴박감을 더하기 위해 둘을 뽑기도 한다. 술래는 수건을 손에 쥐고 학생들이 둘러앉은 원 밖에서 빠르게 돌다가 한 학생의 등 뒤에 살짝 놓고 달아난다. 이때 술래는 학생들이 눈치를 채지 못하도록 재빠르면서도 천연덕스럽게 해야 한다. 학생들은 술래가 지나간 뒤에 혹시 수건이 자기 뒤에 놓이지 않았는지 확인을 하게 된다. 만약 자기 뒤에 수건이 놓여 있으면 그 학생은 빨리 집어 들고 술래를 뒤따라가서 잡아야 하며, 때가 늦어 술래가 자리에 앉으면 자신이 새로운 술래가 된다. 또 자기 뒤에 수건이 놓여 있는데 눈치를 채지 못하고 그대로 앉아 있으면 술래가 한 바퀴 돌고 와서 등을 가볍게 때린다. 이렇게 되면 이 학생이 술래가 된다(심우성, 1996).

두 번째 방법은 학생들이 모두 무릎을 세우고 둥글게 앉으면 술래가 원 가운데에 나와 선다. 학생들은 무릎 안쪽으로 술래가 눈치채지 못하도록 손을 움직여서 수건을 돌린다. 술래는 제 자리에 선 채로 눈치를 살피다가 수건을 가지고 있을 것으로 생각되는 학생의 이름을 부른다. 만일 술래가 수건을 가진 학생을 바로 맞히면 술래가 바뀌지만 그렇지 않을 때는 정확하게 찾아낼 때까지 계속해야 한다. 때에 따라 술래가 알아맞힌 학생을 가운데로 나오게 해서 학생들의 요구에 따라 노래를 부르거나 춤을 추는 벌을 받게 한다. 세 번째 방법은 술래를 가운데 세워 놓은 채 다른 학생들은 둥글게 둘러앉아 수건을 등 뒤로 돌린다. 술래는 눈치를 살피다가 수건을 가진 학생의 이름을 부른다. 바로 알아맞힌 경우에는 그 학생이 나와 벌을 받고 술래의 역할을 맡는다. 술래가 정확하게 지적하지 못하면 이 과정을 몇 번이고 계속한다. 네 번째 방법은 술래를 따로 정하지 않고 사회자가 이 놀이를 진행하는 방법이다. 학생들은 노래를 부르면서 박자에 맞춰 수건을 옆 학생의 손으로 전달하며 돌린다. 사회자가 한순간 학생들이 부르던 노래를 중지시키면 그때 수건을 가지고 있던 학생에게 벌이 돌아간다. 놀이를 다시 시작할 때는 이 학생으로부터 수건을 돌려 처음과 같이 진행한다(이영덕, 1997).

이와 같은 수건돌리기는 앉아 있는 학생들이 눈치를 채지 못하도록 수건을 등 뒤에 살짝 내려놓거나 손으로 전달하는 놀이를 통해 신체의 조정력과 민첩성을 기를 수 있다(박미조, 2010;

오다희, 2020).

(2) 인성교육을 위한 수건돌리기 놀이의 활용

인성교육을 위한 수건돌리기 놀이 활용(표 13)의 도입 과정에서는 지역사회기관의 교육 공간에서 만난 학생들끼리 인사를 나누고 친밀해질 수 있는 시간을 갖도록 한다. 다음으로 교수자는 오늘 학생들이 수행할 수건돌리기 놀이에 대한 흥미와 호기심을 불러일으키는 동기유발의 단계로 들어간다. 또한 교수자는 수건돌리기 놀이에 대한 학생들의 경험을 듣고 이야기를 나눈다.

전개 과정은 수건돌리기 놀이 설명하기 → 수건돌리기 놀이 수행하기 → 수건돌리기 놀이 재구성하기의 단계로 진행된다. 먼저 수건돌리기 놀이 설명하기는 교수자가 놀이의 개념, 방법, 규칙 등을 설명한 후 시범을 보이고 학생들은 관찰을 하는 모델링 단계이다. 이때 교수자는 학생들에게 놀이 방법과 도구 사용법에 대한 지식만을 전달하는 것이 아닌 학생들이 서로 규칙을 지켜 안전하게 놀이를 하려면 어떻게 소통하고 배려해야 하는지를 설명한다. 다음으로 수건돌리기 놀이 수행하기(사진 13과 14)는 학생들이 대집단을 구성하여 놀이 과제를 수행하고 교수자가 이를 관찰해 피드백이나 힌트로 도움을 주는 코칭 단계, 학생들이 수건돌리기 놀이에 보다 능숙해질 수 있도록 교수자가 세세한 부분을 다시 지도해 도움을 주는 스캐폴딩 단계, 수건돌리기 놀이를 학생들이 직접 설명하거나 시연해보는 명료화 단계, 대집단에서 수건돌리기 놀이를 해보면서 다른 학생들과 자신의 놀이 수행을 비교해보는 반성적 사고 단계로 이루어진다. 그다음으로 수건돌리기 놀이 재구성하기(사진 15와 16)는 학생들이 소집단들을 만들어 집단별로 기존 놀이 방법이나 도구의 변형을 토의하여 새로운 수건돌리기 놀이를 구성해 실시해보는 탐구 단계이다. 이때 교수자는 사려 깊고 개방적인 질문을 하고 학생들도 상호 질문으로 탐구를 촉진한다. 또한 교수자는 학생들 각자가 소집단 내에서 자기를 조절하여 책임을 완수해야 함을 강조하여 협력적 관계를 고취한다. 다음으로 각 소집단에서 재구성한 수건돌리기 놀이를 학생들이 직접 소개하도록 한다. 그다음으로 다시 대집단으로 둘러앉아 각 소집단에서 재구성한 새로운 수건돌리기 놀이를 한 가지씩 실행해본다.

　마무리 과정은 재구성한 수건돌리기 놀이에 대한 학생들의 생각을 나누는 평가 단계이다. 평가 내용으로는 협동학습으로 재구성한 수건돌리기 놀이를 기존의 놀이와 비교해보고 어떤 방법이 가장 흥미롭고 새로웠는지 혹은 다음을 위해서는 어떤 점을 수정해야 하는지 생각해보도록 한다. 또한 재구성된 수건돌리기 놀이로 가장 좋은 평가를 받은 소집단의 학생들을 칭찬해준 후 그와 같은 방법을 생각하게 된 과정에 대해 의견을 들어본다. 이와 더불어 교수자와 학생들이 인성의 가치·덕목을 짚어보며 소집단에서 덕목을 짚으며 학생들이 수건돌리기 놀이를 재구성하는 가운데 느낀 점을 이야기하는 시간을 갖는다.

이상과 같은 수건돌리기 놀이를 활용한 인성교육은 놀이를 변형해 재구성하는 것에 관한 소집단에서의 소통 과정에서 학생들이 상호 배려와 존중으로 협력하며 공감을 나누거나 의견 차이로 인한 갈등을 해결해 나가는 역량을 증진할 수 있다. 또한 대집단으로 모여 수건돌리기를 할 때 학생들이 집단의 구성원으로서 각자 책임의식을 갖고 규칙을 정직하게 지키며 놀이를 수행하게 된다.

<표 13> 인성교육을 위한 수건돌리기 놀이 활동 계획안

활 동 명	수건돌리기 놀이	인성 가치·덕목	정직, 책임, 존중, 배려, 소통, 협동
활 동 일	년 월 일		
활동시간	시~ 시(90분)		
활동장소	지역사회기관의 교육 공간	활동주체	초등학생 20명
활동목표	○소집단에서 상호 존중과 소통, 배려와 협력으로 새로운 수건돌리기 놀이를 재구성해 제시할 수 있다. ○대집단에서 구성원으로 책임의식을 갖고 규칙을 지키며 수건돌리기 놀이를 수행할 수 있다.		
활동자료	큰 수건 4개, 작은 수건 4개, 손수건 4개		
활동과정	활동 내용		활동 시 유의점
도입 (10분)	○인사 나누기 ○수건돌리기 놀이에 대한 흥미 유발하기 ○수건돌리기 놀이를 해본 경험에 대한 이야기 나누기		Youtube에서 수건돌리기 노래를 따라 불러보며 흥미를 유발한다.
	○수건돌리기 놀이 설명하기 - 교수자가 수건돌리기 놀이의 개념, 방법, 규칙 설명하기 - 학생들이 관찰할 수 있도록 교수자가 수건돌리기 놀이 시범 보이기		

전개
(60분)
	○수건돌리기 놀이 수행하기
	- 대집단을 구성하여 학생들이 수건돌리기 놀이
	  과제 실행하기
	- 학생들이 수건돌리기 놀이의 방법과 규칙에 대해
	  설명하기
	- 대집단에서 수건돌리기 놀이를 하며 다른
	  학생들과 자신의 놀이 수행 비교해보기
		교수자가
		학생들의
		수건돌리기 놀이를
		관찰해 피드백하고,
		놀이가 어려운
		학생은 다시
		지도해준다.

	○수건돌리기 놀이 재구성하기
	- 5명씩 소집단을 구성하여 학생들이 수건돌리기
	  놀이 방법이나 도구의 변형에 대해 토의하기
	- 각 소집단에서 재구성한 수건돌리기 놀이 소개하기
	- 다시 대집단을 구성해 새롭게 재구성된
	  수건돌리기 놀이를 한 가지씩 해보기
		협동 활동에
		어려움을 느끼는
		집단이 있는 경우
		교수자가
		개입하여 협력적
		기능의 필요성을
		인식시켜
		주어야 한다.

마무리 (20분)	○재구성된 수건돌리기 놀이 평가하기 - 기존 수건돌리기 놀이와 새로운 수건돌리기 놀이 비교해보기	재구성한 수건 돌리기 놀이에서 새로운 점, 수정해야 할 점에 대해 이야기를 나눈다.

	○재구성된 수건돌리기 놀이로 가장 좋은 평가를
	  받은 집단 칭찬하기
	- 재구성된 수건돌리기 놀이 가운데 가장 흥미롭고
	  새롭다고 평가를 받은 소집단을 칭찬해준 후 그와
	  같은 방법을 생각하게 된 과정에 대해 의견
	  들어보기	

	○협동학습을 통해 느낀 점 나누기 - 협동학습으로 새로운 수건돌리기 놀이를 수행하면서 각자 느낀 점에 대해 이야기하기	인성의 가치·덕목을 짚어보도록 한다.

<사진 13> 수건돌리기 놀이 수행하기 ①
(학생들이 둥글게 앉아 수건돌리기를 한다. 술래가 앉아 있는 한 학생의 뒤에
수건을 놓았는데 눈치를 채지 못한다)

<사진 14> 수건돌리기 놀이 수행하기 ②
(교수자가 학생들에게 술래가 지나간 뒤 혹시 수건이 자기 뒤에 놓이지
않았는지 확인하도록 다시 지도해준다)

<사진 15> 수건돌리기 놀이 재구성하기 ①
(놀이 방법의 변형에 대해 학생들이 토의한 후 놀이를 소개한다)

<사진 16> 수건돌리기 놀이 재구성하기 ②
(학생들이 술래를 두 명으로 정하기로 한 방법대로 재구성한 놀이를 이행한다)

5) 팽이 놀이와 인성교육

(1) 팽이 놀이의 개념과 방법

팽이 놀이는 원뿔 모양의 팽이를 돌리며 노는 것이다. 팽이는 도는 모양을 나타내는 의성·의태어인 '팽'과 접미사 '이'로 이루어진 말이다. 곧 '팽팽 도는 것'이라는 뜻이다(장수경, 2018).

팽이는 720년경에 기록된 『일본서기(日本書紀)』에 일본의 팽이가 우리나라에서 전래되었다는 내용이 있는 것으로 보아 삼국시대에 이미 널리 유행했을 것으로 추측이 된다(이홍재, 2016).

팽이는 채로 쳐서 돌리는 것과 손으로 돌리는 것으로 구분해 볼 수 있다. 이 가운데 채로 쳐서 돌리는 팽이는 소나무, 박달나무, 참나무 등과 같이 무겁고 단단한 나무를 깎아서 만든다. 팽이 끝에는 작은 철제 뿔을 박아 쉽게 닳지 않으면서 오래 돌아가도록 한다. 팽이의 윗부분에는 물감으로 여러 가지 모양을 그려 돌아갈 때 아름다움을 나타내기도 한다. 팽이채 역시 참나무 같은 단단한 나무를 이용해 길이 40~50cm, 굵기 1.5~2.0cm의 둥근 나무 막대기로 만든다. 팽이채에 매는 줄(끈)은 닥나무 껍질이나 여러 겹으로 꼰 실(끈)을 사용한다(김덕선, 1979). 이러한 팽이는 팽이채의 줄로 감았다가 강하게 땅바닥에 던지면 돌아가는데 팽이의 몸통을 채로 쳐서 계속 돌아가게끔 한다. 또는 처음에는 두 손으로 팽이를 돌리다가 안정되면 채로 쳐서 지속적으로 돌아가게 하기도 한다.

반면 채를 쓰지 않고 손으로 돌리는 팽이는 가운데 있는 심봉을 잡아 돌려 바닥에서 계속 돌아가게 하는 것이다. 대표적으로 바가지팽이는 깨어진 바가지 조각을 어린이 손바닥 크기로 둥글게 깎은 다음 가운데에 작은 구멍을 뚫어 그 구멍에다 끝을 뾰족하게 깎은 나무 심봉을 꽂아 만든 것으로 심봉을 두 손바닥 사이에 끼워 힘껏 비비면서 놓거나 한 손의 엄지와 검지로 비벼서 돌린다(이영덕, 1997). 도토리 팽이는 도토리 열매에 이쑤시개나 성냥개비를 심봉으로 꽂아 간단하게 만든 팽이이다. 색팽이는 두꺼운 종이(예: 마분지)에 지름 5~6cm 정도 원을 그리고 팽이가 회전할 때 어떤 색과 모양으로 나타날지 생각해서 색칠을 한 후에 오린다. 그리고 나서 두꺼운 종이를 지름 2cm 정도로 하나 더 오린 다음, 팽이의 아랫면에 대고 뾰족하게 깎은 성냥개비 심봉을 아래 중심에서 올려 끼워 만든다(최재용·이철수, 2004).

팽이는 균형이 잘 잡혀야 오래 돌아간다. 팽이를 돌리는 방법은 오른편이나 왼편으로 돌리기가 있다. 팽이 놀이는 여러 명이 어울려 내기도 할 수 있다. 예를 들어 오래 돌리기는 팽이가 계속 도는 시간의 장단으로 승부를 결정하는 것이다. 넘어뜨리기는 공평하게 동시에 팽이를 돌려 상대편의 팽이에 부딪히도록 해서 넘어지게 하는 놀이인데 넘어지지 않고 오래 돌아가는 팽이가 승리한다(윤상근, 1999).

이와 같은 팽이 놀이는 팔운동을 중심으로 전신운동의 효과가 있으며 팽이가 오랫동안 돌아갈 수 있도록 집중해서 조정력도 발휘하게 된다(김덕선, 1979).

(2) 인성교육을 위한 팽이 놀이의 활용

인성교육을 위한 팽이 놀이 활용(표 14)의 도입 과정에서는 지역사회기관의 교육 공간에서 만난 학생들끼리 소개를 하며 인사를 나누고 친해질 수 있는 시간을 갖도록 한다. 다음으로 교수자는 오늘 학생들이 수행할 팽이 놀이에 대한 흥미와 호기심을 불러일으키는 동기유발의 단계로 들어간다. 또한 교수자는 팽이 놀이에 대한 학생들의 경험을 듣고 이야기를 나눈다.

전개 과정은 팽이 놀이 설명하기 → 팽이 놀이 수행하기 → 팽이 놀이 재구성하기의 단계로 진행된다. 먼저 팽이 놀이 설명하기는 교수자가 놀이의 개념, 방법, 규칙 등을 설명한 후 시범을 보이고 학생들은 관찰을 하는 모델링 단계이다. 이때 교수자는 학생들에게 놀이 방법과 도구 사용법에 대한 지식만을 전달하는 것이 아닌 학생들이 서로 규칙을 지켜 안전하게 놀이를 하려면 어떻게 소통하고 배려해야 하는지를 설명한다. 다음으로 팽이 놀이 수행하기(사진 17과 18)는 학생들이 소집단별로 놀이 과제를 수행하고 교수자가 이를 관찰해 피드백이나 힌트로 도움을 주는 코칭 단계, 학생들이 놀이에 보다 능숙해질 수 있도록 교수자가 세세한 부분을 다시 지도해 도움을 주는 스캐폴딩 단계, 팽이 놀이를 학생들이 직접 설명하거나 시연해보는 명료화 단계, 소집단에서 팽이 놀이를 해보면서 다른 학생들과 자신의 놀이 수행을 비교해보는 반성적 사고 단계로 이루어진다. 그다음으로 팽이 놀이 재구성하기(사진 19와 20)는 소집단별로 학생들이 기존 놀이 방법이나 도구의 변형을 토의하여 새로운 팽이 놀이를 구성해 실시해보는 탐구 단계이다. 이때 교수자는 사려 깊고 개방적인 질문을 하고 학생들도 상호 질문으로 탐구를 촉진한다. 또한 교수자는 학생들 각자가 소집단 내에서 자기를 조절하여 책임을 완수해야 함을 강조하여 협력적 관계를 고취한다. 다음으로 각 소집단에서 재구성한 팽이 놀이를 소개하도록 한 뒤 어느 집단에서 만든 놀이가 더 흥미롭고 새로운지 토의로 결정한다. 그다음으로 새로운 팽이 놀이를 소집단별로 해본 후 집단 간 대항을 실행한다.

마무리 과정은 재구성한 팽이 놀이에 대한 학생들의 생각을 나누는 평가 단계이다. 평가 내용은 다른 학생들과 함께 협동학습으로 재구성한 팽이 놀이를 기존의 놀이와 비교해 어떤 방법이 성공적이었는지 혹은 성공적이지 못했는지, 다음을 위해서는 어떤 점을 수정해야 하는지 생각해보도록 한다. 또한 재구성된 팽이 놀이로 승리한 집단의 학생들을 칭찬해준 후 승리할 수 있었던 이유에 대해 의견을 들어본다. 이와 더불어 교수자와 학생들이 인성의 가치·덕목을 짚어보며 소집단에서 팽이 놀이를 수행하는 가운데 느낀 점을 이야기하는 시간을 갖는다.

이상과 같은 팽이 놀이를 활용한 인성교육은 놀이를 변형해 재구성하는 것에 관한 소통의 과정에서 학생들이 상호 배려와 존중으로 공감을 나누거나 의견 차이로 인한 갈등을 해결해 나가는 역량을 증진할 수 있다. 또한 다른 집단과의 대항을 위해

각 소집단의 학생들이 자신의 책임을 다하고 정직하게 규칙을
준수하게 되며, 자기편의 팽이가 넘어지지 않고 오랫동안 살아남
을 수 있도록 팽이를 돌리는 방법에 대해 의견을 모으고 응원을
하는 과정에서 협동이 이루어지게 된다.

<표 14> 인성교육을 위한 팽이 놀이 활동 계획안

활 동 명	팽이 놀이	인성 가치·덕목	정직, 책임, 존중, 배려, 소통, 협동
활 동 일	년 월 일		
활동시간	시~ 시(90분)		
활동장소	지역사회기관의 교육 공간	활동주체	초등학생 20명
활동목표	○소집단에서 상호 존중, 소통, 배려로 새로운 팽이 놀이를 재구성해 제시할 수 있다. ○책임감을 갖고 자기편에 협력하며 정직하게 규칙을 지켜 새롭게 변형된 팽이 놀이를 수행할 수 있다.		
활동자료	나무팽이 20개, 채 20개, 도토리 팽이 20개, 색팽이 20개, 대형 아크릴판 4개, 초시계, 점수표		
활동과정	활동 내용		활동 시 유의점
도입 (10분)	○인사 나누기 ○팽이 놀이에 대한 흥미 유발하기 ○팽이 놀이를 해본 경험에 대한 이야기 나누기		다양한 형태의 팽이를 보여주어 흥미를 유발한다.
전개 (60분)	○팽이 놀이 설명하기 - 교수자가 팽이 놀이의 개념, 방법, 규칙 설명하기 - 학생들이 관찰할 수 있도록 교수자가 팽이 놀이 시범 보이기		
	○팽이 놀이 수행하기 - 5명씩 소집단을 구성하여 학생들이 팽이 놀이 과제 실행하기 - 학생들이 팽이 놀이의 방법과 규칙에 대해 설명하기 - 소집단에서 팽이 놀이를 하며 다른 학생들과 자신의 놀이 수행 비교해보기		교수자가 학생들의 팽이 놀이를 관찰하여 피드백하고, 놀이를 어려워하는 학생은 다시 지도해준다.

	○팽이 놀이 재구성하기 - 소집단별로 학생들이 팽이 놀이 방법이나 도구의 변형에 대해 토의하기 - 각 소집단에서 재구성한 팽이 놀이 소개하기 - 어느 집단에서 만든 팽이 놀이가 더 흥미롭고 새로운지 토의로 결정하기 - 토의로 결정된 새로운 팽이 놀이를 소집단별로 해보기 - 집단 간 대항으로 팽이 놀이 실시하기	협동 활동에 어려움을 느끼는 집단이 있는 경우 교수자가 개입하여 협력적 기능의 필요성을 인식시켜 주어야 한다.
마무리 (20분)	○재구성된 팽이 놀이 평가하기 - 기존 팽이 놀이와 새로운 팽이 놀이 비교해보기	재구성한 팽이 놀이에서 성공적인 점, 수정해야 할 점에 대해 이야기를 나눈다.
	○재구성된 팽이 놀이로 승리한 집단 칭찬하기 - 대항에서 승리한 집단을 칭찬해준 후에 팽이 놀이에서 승리할 수 있었던 이유에 대해 의견 들어보기	
	○협동학습을 통해 느낀 점 나누기 - 협동학습으로 팽이 놀이를 수행하면서 각자 느낀 점에 대해 이야기하기	인성의 가치·덕목을 짚어보도록 한다.

<사진 17> 팽이 놀이 수행하기 ①
(학생들이 팽이를 채로 쳐서 돌리는 놀이를 수행한다. 처음에는 익숙하지 않아
팽이가 금방 멈춰 버린다)

<사진 18> 팽이 놀이 수행하기 ②
(교수자가 학생들에게 팽이가 균형을 잡고 좀 더 오래 돌아가도록 채를 치는
방법을 다시 지도해준다)

<사진 19> 팽이 놀이 재구성하기 ①
(놀이 방법의 변형에 관해 학생들이 토의를 한다)

<사진 20> 팽이 놀이 재구성하기 ②
(학생들이 손으로 팽이를 돌려서 더 오래 돌아가는 팽이가
있는 쪽이 승리하는 것으로 재구성한 놀이를 이행한다)

6) 제기차기 놀이와 인성교육

(1) 제기차기 놀이의 개념과 방법

제기차기는 제기를 만들어 발로 차는 놀이이다. 이는 본래 성인이나 청소년의 놀이였던 축국(蹴鞠: 일종의 공차기)의 후신(後身)으로 변모된 것이다. 즉 시대변천과 사회 환경 그리고 놀이 대상의 조건에 알맞게 축국을 개조하면서 변화된 것이다(김덕선, 1979).

조선 후기 홍석모(洪錫謨, 1781-1857)가 저술한 『동국세시기(東國歲時記)』를 살펴보면 축국 놀이의 공은 탄환만 하며 위에는 꿩의 깃털을 꽂았다고 되어 있다. 또한 두 사람이 상대하여 서로 마주 차는데 계속 차서 떨어뜨리지 않는 것이 훌륭한 기술이라는 기록이 남아 있다(이영덕, 1997). 이러한 형태는 Stewart Culin(1895)이 기록한 『한국의 놀이』에도 나타나 있다. 이 책에서 제기는 면으로 된 천에 진흙과 재를 채우고 꼭대기에 꿩의 꼬리 깃털을 가득 꽂은 공 모양으로 되어 있다.

오늘날은 제기를 만들 때 엽전을 종이로 접어 말은 다음 엽전의 구멍 위치를 뚫어 종이의 양 끝을 그 구멍으로 넣는다. 그리고 나서 엽전 구멍을 통해 나온 긴 종이를 여러 갈래로 찢어서 술을 만든다. 종이 대신 색실이나 헝겊으로 만들기도 한다. 이외에도 엽전을 대신해 쇠붙이에 플라스틱을 합쳐서 만들거나 플라스틱 뚜껑에 지점토나 찰흙을 채워 넣어 만들기도 한다(윤상근, 1999).

제기차기 놀이는 개별적으로 승패를 가릴 수도 있고 편을 나누어 집단 대항도 할 수 있다. 집단으로 이루어지는 제기차기 놀이로는 '삼세 가지 차기'와 '동네 제기차기'가 있다. '삼세 가지 차기'는 먼저 제기를 한 발로 차는 데 찰 때마다 차는 발이 땅에 닿아야 한다(땅가지). 다음은 제기를 찰 때 발이 땅에 닿지 않게 까불러 차는 것이다(헐랭이). 그다음은 두 발을 번갈아 가며 양발 안쪽으로 차거나 한 발은 안쪽, 다른 발은 바깥쪽으로 차는 방법이다(쌍발 제기). 이렇게 제기를 찰 때 도중에 제기가 잘 안 차지면 손으로 제기를 받은 다음 다시 찰 수 있다. 그리고 세 가지가 모두 끝났을 때 제기를 찬 수를 더해 승부를 가린다. 진 편은 이긴 편에게 '종 드리기'를 해야 한다. 즉 진 편의 학생이 이긴 편의 학생에게 제기를 손으로 던져주는 것이다. 이때 이긴 편 학생이 헛발길질을 하거나 차낸 제기를 진 편 학생이 받으면 종 드리기가 끝난다. 한편 '동네 제기차기'는 학생들이 둥그렇게 모여 서서 제기를 가진 학생이 제일 먼저 "동네"라고 외치며 제기를 허리 높이에서 어깨높이 정도로 차올리면 둥그렇게 모여 선 학생들은 자기 앞에 제기가 왔을 때 "제기"라고 하면서 받아친다. 이때 다른 학생이 가로채서 차면 헛발길질을 한 학생은 종이 되어 다른 학생이 제기를 차도록 던져주는 일을 해야 한다(장현기, 2008; 조경순, 2014).

이와 같은 제기차기 놀이는 평형성·민첩성·유연성·정확성을 기르는 전신운동의 효과, 그리고 정신을 한 곳에 집중하는 주의력 향상에 도움이 된다(김덕선, 1979; 김민석, 2015).

(2) 인성교육을 위한 제기차기 놀이의 활용

인성교육을 위한 제기차기 놀이 활용(표 15)의 도입 과정에서
는 지역사회기관의 교육 공간에서 만난 학생들끼리 소개를 하며
인사를 나누고 친밀해질 수 있는 시간을 갖도록 한다. 다음으로
교수자는 오늘 학생들이 수행할 제기차기 놀이에 대한 흥미와
호기심을 불러일으키는 동기유발의 단계로 들어간다. 또한 교수
자는 제기차기 놀이에 대한 학생들의 경험을 듣고 이야기를 나
눈다.

전개 과정은 제기차기 놀이 설명하기 → 제기차기 놀이 수행
하기 → 제기차기 놀이 재구성하기의 단계로 진행된다. 먼저 제
기차기 놀이 설명하기는 교수자가 놀이의 개념, 방법, 규칙 등을
설명한 후 시범을 보이고 학생들은 관찰을 하는 모델링 단계이
다. 이때 교수자는 학생들에게 놀이 방법과 도구 사용법에 대한
지식만을 전달하는 것이 아닌 학생들이 서로 규칙을 지켜 안전
하게 놀이를 하려면 어떻게 소통하고 배려해야 하는지를 설명한
다. 다음으로 제기차기 놀이 수행하기(사진 21과 22)는 학생들이
소집단별로 놀이 과제를 수행하고 교수자가 이를 관찰해 피드백
이나 힌트로 도움을 주는 코칭 단계, 학생들이 놀이에 보다 능숙
해질 수 있도록 교수자가 세세한 부분을 다시 지도해 도움을 주
는 스캐폴딩 단계, 제기차기 놀이를 학생들이 직접 설명하거나

시연해보는 명료화 단계, 소집단에서 제기차기 놀이를 해보면서 다른 학생들과 자신의 놀이 수행을 비교해보는 반성적 사고 단계로 이루어진다. 그다음으로 제기차기 놀이 재구성하기(사진 23과 24)는 소집단별로 학생들이 기존 놀이 방법이나 도구의 변형을 토의하여 새로운 제기차기 놀이를 구성해 실시해보는 탐구 단계이다. 이때 교수자는 사려 깊고 개방적인 질문을 하고 학생들도 상호 질문으로 탐구를 촉진한다. 또한 교수자는 학생들 각자가 소집단 내에서 자기를 조절하여 책임을 완수해야 함을 강조하여 협력적 관계를 고취한다. 다음으로 각 소집단에서 재구성한 제기차기 놀이를 소개하도록 한 뒤 어느 집단에서 만든 놀이가 더 흥미롭고 새로운지 토의로 결정한다. 그다음으로 새로운 제기차기 놀이를 소집단별로 해본 후 집단 간 대항을 실행한다.

마무리 과정은 재구성한 제기차기 놀이에 대한 학생들의 생각을 나누는 평가 단계이다. 평가 내용으로는 다른 학생들과 함께 협동학습으로 재구성한 제기차기 놀이를 기존의 놀이와 비교해보고 어떤 방법이 성공적이었는지 혹은 성공적이지 못했는지, 다음을 위해서는 어떤 점을 수정해야 하는지 생각해보도록 한다. 또한 재구성된 제기차기 놀이로 승리한 집단의 학생들을 칭찬해준 후 승리할 수 있었던 이유에 대해 의견을 들어본다. 이와 더불어 교수자와 학생들이 인성의 가치·덕목을 짚어보며 소집단에서 제기차기 놀이를 수행하는 가운데 느낀 점을 이야기하는 시간을 갖는다.

이상과 같은 제기차기 놀이를 활용한 인성교육은 놀이를 변형해 재구성하는 것에 관한 소통의 과정에서 학생들이 상호 배려와 존중으로 공감을 나누거나 의견 차이로 인한 갈등을 해결해 나가는 역량을 증진할 수 있게 한다. 또한 다른 집단과의 대항을 위해 각 소집단의 학생들이 자신의 책임을 다하고 정직하게 규칙을 준수하게 되며, 자기편이 놀이에서 더 많은 점수를 얻을 수 있는 방법에 관해 의견을 모으는 과정에서 단결하는 협동이 이루어지게 된다.

<표 15> 인성교육을 위한 제기차기 놀이 활동 계획안

활 동 명	제기차기 놀이	인성 가치·덕목	정직, 책임, 존중, 배려, 소통, 협동
활 동 일	년 월 일		
활동시간	시~ 시(90분)		
활동장소	지역사회기관의 교육 공간	활동주체	초등학생 20명
활동목표	○소집단에서 상호 존중, 소통, 배려로 새로운 제기차기 놀이를 재구성해 제시할 수 있다. ○책임감을 갖고 자기편에 협력하며 정직하게 규칙을 지켜 새롭게 변형된 놀이를 수행할 수 있다.		
활동자료	제기(비닐 술) 20개, 제기(헝겊 술) 20개, 색 끈 20개, 보자기 20개, 플라스틱 접시 20개, 점수표		
활동과정	활동 내용		활동 시 유의점
도입 (10분)	○인사 나누기 ○제기차기 놀이에 대한 흥미 유발하기 ○제기차기 놀이를 해본 경험에 대한 이야기 나누기		Youtube에서 제기차기 놀이 영상을 보여주어 흥미를 유발한다.
	○제기차기 놀이 설명하기 - 교수자가 제기차기 놀이의 개념, 방법, 규칙		

전개 (60분)		설명하기 - 학생들이 관찰할 수 있도록 교수자가 제기차기 놀이 시범 보이기	
		○제기차기 놀이 수행하기 - 5명씩 소집단을 구성하여 학생들이 제기차기 놀이 과제 실행하기 - 학생들이 제기차기 놀이의 방법과 규칙에 대해 설명하기 - 소집단에서 제기차기 놀이를 하며 다른 학생들과 자신의 놀이 수행 비교해보기	교수자가 학생들의 제기차기 놀이를 관찰하여 피드백하고, 놀이를 어려워하는 학생은 다시 지도해준다.
		○제기차기 놀이 재구성하기 - 소집단별로 학생들이 제기차기 놀이 방법이나 도구의 변형에 대해 토의하기 - 각 소집단에서 재구성한 제기차기 놀이 소개하기 - 어느 집단에서 만든 제기차기 놀이가 더 흥미롭고 새로운지 토의로 결정하기 - 토의로 결정된 새로운 제기차기 놀이를 소집단별로 해보기 - 집단 간 대항으로 제기차기 놀이 실시하기	협동 활동에 어려움을 느끼는 집단이 있는 경우 교수자가 개입하여 협력적 기능의 필요성을 인식시켜 주어야 한다.
마무리 (20분)		○재구성된 제기차기 놀이 평가하기 - 기존 제기차기 놀이와 새로운 제기차기 놀이 비교해보기	재구성한 제기차기 놀이에서 성공적인 점, 수정해야 할 점에 대해 이야기를 나눈다.
		○재구성된 제기차기 놀이로 승리한 집단 칭찬하기 - 대항에서 승리한 집단을 칭찬해준 후에 제기차기 놀이에서 승리할 수 있었던 이유에 대해 의견 들어보기	
		○협동학습을 통해 느낀 점 나누기 - 협동학습으로 제기차기 놀이를 수행하면서 각자 느낀 점에 대해 이야기하기	인성의 가치・덕목을 짚어보도록 한다.

<사진 21> 제기차기 놀이 수행하기 ①
(학생들이 땅가지 제기차기 놀이를 수행한다. 처음에는 익숙하지 않아 제기를
한두 개 정도 발로 찰 수 있다)

<사진 22> 제기차기 놀이 수행하기 ②
(교수자가 학생들에게 땅가지 제기차기를
좀 더 많이 할 수 있는 방법을 다시 지도해준다)

<사진 23> 제기차기 놀이 재구성하기 ①
(놀이도구의 변형에 관해 학생들이 토의를 한다)

<사진 24> 제기차기 놀이 재구성하기 ②
(학생들이 발을 대신해 플라스틱 접시로 제기를 올려치는 방법으로
재구성한 놀이를 이행한다)

7) 비사치기 놀이와 인성교육

(1) 비사치기 놀이의 개념과 방법

비사치기는 손바닥 크기의 장방형의 납작한 돌인 비석을 가지고 행하는 놀이이다(장현기, 2008). 이는 원시시대 맹수로부터 자신을 보호하는 수단이었던 투석(投石), 전쟁 시 돌을 가지고 싸우던 석전(石戰) 등에서 비롯되었는데 이러한 유습(遺習)이 세시풍속으로 전해지고 변형되어 비사치기 놀이가 되었다(이홍재, 2016).

비사치기 놀이 방법은 바닥에 3m 정도의 간격으로 두 선을 긋고 편을 나누어 학생마다 비석을 1개씩 갖는다. 각 편의 한 명이 가위바위보를 하여 진 편은 비석을 세워 수비를 하고, 이긴 편은 공격을 한다. 공격하는 편의 학생이 상대편 비석을 쓰러뜨리지 못하거나 상대편의 비석을 향해서 가는 동안 자기 비석을 땅에 떨어뜨리면 죽게 된다. 공격하는 편에 1명이라도 살아 있으면 놀이는 계속된다.

비사치기에는 1단계 던지기, 2단계 세 발 뛰어 차기, 3단계 발등, 4단계 발목, 5단계 무릎, 6단계 가랑이, 7단계 배, 8단계 신문팔이, 9단계 어깨, 10단계 목, 11단계 머리, 12단계 봉사 등이 있다(표 16).

각 단계에서 상대편 비석을 다 맞춰 쓰러뜨리면 단계가 올라가고 먼저 단계에서 죽었던 자기편의 학생은 다시 살아난다. 상대편의 세워진 비석이 1개라도 남아 있는데, 더 이상 자기편에 던질 자격이 있는 학생이 없으면 공격과 수비가 바뀌게 된다. 공격하는 편이 다음번 자기 차례가 되었을 때는 그 단계부터 다시 시작한다. 즉 5단계(무릎)에서 모두 죽었다면 다음번 차례에서는 처음부터 하는 것이 아니라 5단계부터 시작한다. 먼저 봉사 단계까지 가는 편이 이기게 된다(윤상근, 1999).

이와 같은 비사치기 놀이는 신체의 각 부위를 활용한 전신운동으로 순발력, 유연성, 거리 감각, 집중력 그리고 정확성을 기를 수 있다(조경순, 2014; 김민석, 2015).

<표 16> 비사치기 놀이의 단계

단계	놀이 방법
1 (던지기)	비석을 출발선에서 던지기, 한 발 뛰어 던지기, 두 발 뛰어 던지기, 세 발 뛰어 던지기
2 (세 발 뛰어 차기)	자기 비석을 던져 놓고 세 발을 뛴 다음 네 발째 차서 상대편 비석 쓰러뜨리기
3 (발등)	자기 비석을 오른쪽이나 왼쪽 발등 위에 올려놓고 걸어 가까이 가서 상대편 비석 위에 떨어뜨려 쓰러뜨리기
4 (발목)	자기 비석을 발목 사이에 끼워놓고 깡충깡충 뛰어 가까이 가서 상대편 비석 위에 떨어뜨려 쓰러뜨리기
5 (무릎)	자기 비석을 무릎 사이에 끼우고 걸어 가까이 가서 상대편 비석 위에 떨어뜨려 쓰러뜨리기
6 (가랑이)	자기 비석을 가랑이 사이에 끼우고 걸어 가까이 가서 상대편 비석 위에 떨어뜨려 쓰러뜨리기
7 (배)	자기 비석을 배 위에 올려놓고 걸어 가까이 가서 상대편 비석 위에 떨어뜨려 쓰러뜨리기
8 (신문팔이)	자기 비석을 겨드랑이에 끼우고 걸어 가까이 가서 상대편 비석 위에 떨어뜨려 쓰러뜨리기
9 (어깨)	자기 비석을 어깨 위에 올려놓고 걸어 가까이 가서 상대편 비석 위에 떨어뜨려 쓰러뜨리기

10 (목)	자기 비석을 어깨와 목 사이에 끼워놓고 걸어 가까이 가서 상대편 비석 위에 떨어뜨려 쓰러뜨리기
11 (머리)	자기 비석을 머리 위에 올려놓고 걸어 가까이 가서 상대편 비석 위에 떨어뜨려 쓰러뜨리기
12 (봉사)	자기 비석을 던져 놓고 눈을 감은 상태에서 걸어가, 자기 비석을 찾아 눈을 감은 채로 던져 상대편 비석 쓰러뜨리기

(2) 인성교육을 위한 비사치기 놀이의 활용

인성교육을 위한 비사치기 놀이 활용(표 17)의 도입 과정에서는 지역사회기관의 교육 공간에서 만난 학생들끼리 소개를 하며 인사를 나누고 친해질 수 있는 시간을 갖도록 한다. 다음으로 교수자는 오늘 학생들이 수행할 비사치기 놀이에 대한 흥미와 호기심을 불러일으키는 동기유발의 단계로 들어간다. 또한 교수자는 비사치기 놀이에 대한 학생들의 경험을 듣고 이야기를 나눈다.

전개 과정은 비사치기 놀이 설명하기 → 비사치기 놀이 수행하기 → 비사치기 놀이 재구성하기의 단계로 진행된다. 먼저 비사치기 설명하기는 교수자가 놀이의 개념, 방법, 규칙 등을 설명한 후 시범을 보이고 학생들은 관찰을 하는 모델링 단계이다. 이때 교수자는 학생들에게 놀이 방법과 도구 사용법에 대한 지식만을 전달하는 것이 아닌 학생들이 서로 규칙을 지켜 안전하게 놀이를 하려면 어떻게 소통하고 배려해야 하는지를 설명한다. 다음으로 비사치기 놀이 수행하기(사진 25와 26)는 학생들이 소집단을 구성하여 비사치기 과제를 수행하고 교수자가 이를 관찰해 피드백이나 힌트로 도움을 주는 코칭 단계, 학생들이 놀이에 보다 능숙해질 수 있도록 교수자가 세세한 부분을 다시 지도해 도움을 주는 스캐폴딩 단계, 비사치기 놀이를 학생들이 직접 설명하거나 시연해보는 명료화 단계, 소집단에서 비사치기 놀이를 해보면서 다른 학생들과 자신의 놀이 수행을 비교해보는 반성적 사고 단계로 이루어진다. 그다음으로 비사치기 놀이 재구성하기(사진 27과 28)는 소집단별로 학생들이 기존 놀이 방법이나 도구의 변형을 토의하여 새로운 비사치기 놀이를 구성해 실시해보는 탐구 단계이다. 이때 교수자는 사려 깊고 개방적인 질문을 하고 학생들도 상호 질문으로 탐구를 촉진한다. 또한 교수자는 학생들 각자가 소집단 내에서 자기를 조절하여 책임을 완수해야 함을 강조하여 협력적 관계를 고취한다. 다음으로 각 소집단에서 재구성한 비사치기 놀이를 학생들이 소개하도록 한 뒤 어느 집단에서 재구성한 놀이가 더 흥미롭고 새로운지 토의로 결정한다. 그다음으로 새로운 비사치기 놀이를 소집단별로 해본 후 집단 간 대항을 실행한다.

마무리 과정은 재구성한 비사치기 놀이에 대한 학생들의 생각을 나누는 평가 단계이다. 평가 내용으로는 다른 학생들과 함께 협동학습으로 재구성한 비사치기 놀이를 기존의 놀이와 비교해보고 어떤 방법이 성공적이었는지 혹은 성공적이지 못했는지, 다음을 위해서는 어떤 점을 수정해야 하는지 생각해보도록 한다. 또한 재구성된 비사치기 놀이로 승리한 집단의 학생들을 칭찬해준 후 승리할 수 있었던 이유에 대해 의견을 들어본다. 이와 더불어 교수자와 학생들이 인성의 가치·덕목을 짚어보며 소집단에서 비사치기 놀이를 수행하는 가운데 느낀 점에 대하여 이야기하는 시간을 갖도록 한다.

이상과 같은 비사치기 놀이를 활용한 인성교육은 놀이를 변형해 재구성하는 것에 관한 소통에서 학생들이 상호 배려와 존중으로 공감을 나누거나 의견 차이로 인한 갈등을 원만히 해결해 나가는 역량을 증진할 수 있다. 또한 다른 집단과의 대항을 위해 각 소집단의 학생들이 자신의 책임을 다하고 정직하게 규칙을 준수하게 되며, 자기편이 다음 단계로 올라가면 죽은 사람을 다시 살리게 되는 놀이 과정에서 일체감을 도모하는 협동이 이루어지게 된다.

<표 17> 인성교육을 위한 비사치기 놀이 활동 계획안

활 동 명	비사치기 놀이	인성 가치·덕목	정직, 책임, 존중, 배려, 소통, 협동
활 동 일	년 월 일		
활동시간	시~ 시(90분)		
활동장소	지역사회기관의 교육 공간	활동주체	초등학생 20명
활동목표	○소집단에서 상호 존중과 소통 그리고 배려로 새로운 비사치기 놀이를 재구성해 제시할 수 있다. ○책임감을 갖고 자기편에 협력하며 정직하게 규칙을 지켜 새롭게 변형된 놀이를 수행할 수 있다.		
활동자료	10cm 정도의 장방형 돌이나 나무 블록 20개, 색 테이프 2개, 점수표		
활동과정	활동 내용		활동 시 유의점
도입 (10분)	○인사 나누기 ○비사치기 놀이에 대한 흥미 유발하기 ○비사치기 놀이를 해본 경험에 대한 이야기 나누기		국립민속박물관 사이트의 어린이박물관 비사치기 검색으로 흥미를 유발한다.

전개 (60분)	○비사치기 놀이 설명하기 - 교수자가 비사치기 놀이의 개념, 방법, 규칙 　설명하기 - 학생들이 관찰할 수 있도록 교수자가 　비사치기 놀이 시범 보이기	학생들에게 적합한 비사치기 놀이 단계를 제시한다.	
	○비사치기 놀이 수행하기 - 5명씩 소집단을 구성하여 학생들이 비사치기 　놀이 과제 실행하기 - 학생들이 비사치기 놀이의 방법과 규칙에 　대해 설명하기 - 소집단에서 비사치기 놀이를 하며 다른 　학생들과 자신의 놀이 수행 비교해보기	교수자가 학생들의 비사치기를 관찰하여 피드백하고, 놀이를 어려워하는 학생은 다시 지도해준다.	
	○비사치기 놀이 재구성하기 - 소집단별로 학생들이 비사치기 놀이 방법이 　나 도구의 변형에 대해 토의하기 - 각 소집단에서 재구성한 비사치기 놀이 　소개하기 - 어느 집단에서 만든 비사치기 놀이가 더 　흥미롭고 새로운지 토의로 결정하기 - 토의로 결정된 새로운 비사치기 놀이를 　소집단별로 해보기 - 집단 간 대항으로 비사치기 놀이 실시하기	협동 활동에 어려움을 느끼는 집단이 있는 경우 교수자가 개입하여 협력적 기능의 필요성을 인식시켜 주어야 한다.	
마무리 (20분)	○재구성된 비사치기 놀이 평가하기 - 기존 비사치기 놀이와 새로운 비사치기 놀이 　비교해보기	재구성한 비사치기 놀이에서 성공적인 점, 수정해야 할 점에 대해 이야기를 나눈다.	
	○재구성된 비사치기 놀이로 승리한 집단 　칭찬하기 - 대항에서 승리한 집단을 칭찬해준 후에 　비사치기 놀이에서 승리할 수 있었던 이유에 　대해 의견 들어보기		
	○협동학습을 통해 느낀 점 나누기 - 협동학습으로 비사치기 놀이를 수행하면서 　각자 느낀 점에 대해 이야기하기	인성의 가치·덕목을 짚어보도록 한다.	

<사진 25> 비사치기 놀이 수행하기 ①

(학생들이 상대편 비석을 쓰러뜨리기 위해 출발선에서 자기의 비석을 던지는 놀이를
수행한다. 처음에는 익숙하지 않아 상대편 비석을 쓰러뜨리지 못한다)

<사진 26> 비사치기 놀이 수행하기 ②

(교수자가 학생들에게 상대편 비석을 쓰러뜨리려면 거리에 맞게 힘을 조절해
자기의 비석을 던져야 함을 다시 지도해준다)

<사진 27> 비사치기 놀이 재구성하기 ①
(놀이 방법의 변형에 관해 학생들이 토의하여 시행해본다)

<사진 28> 비사치기 놀이 재구성하기 ②
(학생들이 자기 비석을 가랑이 사이에 끼우고 가서 상대편 비석 위에
떨어뜨리는 방법으로 재구성한 놀이를 이행한다)

8) 자치기 놀이와 인성교육

(1) 자치기 놀이의 개념과 방법

자치기는 소나무, 상수리나무, 탱자나무 등으로 만든 막대기를 치고받으면서 놀이를 하는 것이다. 자치기 놀이의 전신(前身)은 성인들의 운동경기였던 장치기로 본래 양편의 사람들이 모두 채를 가지고 공을 쳐서 상대편의 구문(毬門)에 넣어 승부를 다투는 경기였는데 이를 아동들의 능력에 맞게 개조해 만든 것으로 유추되고 있다(김덕선, 1978). 자치기라는 명칭에서 '자'는 길이나 높이를 재는 것이 아니라 막대기를 가지고 놀면서 이 막대기로 자처럼 거리를 재기 때문에 그 이름이 붙여진 것이다. 그래서 20~30cm의 긴 막대기를 '큰 자', 5~10cm의 짧은 막대기를 '작은 자'라고 부른다(윤상근, 1999).

이 놀이를 하는 데 있어 오늘날은 안전성을 고려하여 딱딱한 나무를 대신해 부드러운 고탄력 스펀지(EVA) 소재로 자를 제작하기도 한다.

자치기 놀이는 우선 편을 나누고 가위바위보를 해서 이긴 쪽이 먼저 공격을 한다. 몇 자 내기를 할지 양편이 상의해 미리 정한 후에 놀이를 시작하는 경우 예를 들어 공격을 하는 편에서 3명이 실격되면 공수가 바뀐다. 혹은 양편의 놀이가 종료된 후 자로 잰 거리의 수를 모두 합한 점수로 승부를 결정하기도 한다. 대표적으로 '원 자치기' 놀이는 <그림 3>과 같이 1m 정도의 원을 그리고 공격과 수비 대형으로 자리에 선다.

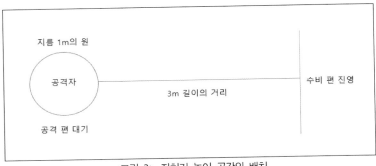

<그림 3> 자치기 놀이 공간의 배치

출처: 최재용·이철수(2004), 우리가 정말 알아야 할 우리 놀이 백 가지, 현암사.

공격하는 편의 학생 1명이 원 안에서 작은 자의 한쪽 끝을 잡고 있다가 놓는 순간 큰 자로 작은 자를 쳐서 멀리 날린다. 수비하는 편이 날아오는 작은 자를 손으로 받으면 공격하는 편의 학생은 실격이 된다. 만약 수비하는 편이 이를 잡지 못하게 되면 작은 자를 주워 원을 향해 던진다. 이때 공격하는 편의 학생은 원 밖에서 작은 자가 원 안에 들어오지 못하게 다시 되받아쳐 막아야 한다. 즉 공격하는 편에서는 날아오는 작은 자를 되받아쳐서 멀리 날려야 유리하다. 작은 자가 떨어진 곳에서부터 원까지의 거리를 재어 자로 셈하기 때문이다. 자치기의 점수는 '자'라고 한다. 거리를 재기 전에 수비하는 편이 공격하는 편에게 "몇 자?"라고 질문하면 공격하는 편은 짐작을 잘해서 답해야 한다. 수비하는 편이 큰 자로 실제 재어보는데 잴 때는 양편 모두 이구동성으로 "하나", "둘", "셋", "넷" 하고 자수를 불러준다.

자수를 세어본 결과 공격하는 편이 부른 자수에 못 미치면 실격
이 되어 다음 공격자로 넘어가며, 충분하면 부른 자수를 점수로
갖게 된다. 이렇게 해서 목표 자수에 먼저 도달하는 편이 이긴
다. 한편 되받아치기 때도 수비하는 편이 작은 자를 손으로 받으
면 공격하는 편의 학생은 실격이 되고 다음 공격자로 넘어간다
(이영덕, 1997).

이와 같은 자치기 놀이는 신체 활동으로 정확성, 민첩성 등의
조정 능력이 증진된다. 또한 자를 세기 전 눈짐작으로 몇 자가
되는지를 유추하게 되므로 측정의 능력도 기르게 된다(김덕선,
1978).

(2) 인성교육을 위한 자치기 놀이의 활용

인성교육을 위한 자치기 놀이 활용(표 18)의 도입 과정에서는
지역사회기관의 교육 공간에서 만난 학생들끼리 소개를 하며 인
사를 나누고 친밀해질 수 있는 시간을 갖도록 한다. 다음으로 교
수자는 오늘 학생들이 수행할 자치기 놀이에 대한 흥미와 호기
심을 불러일으키는 동기유발의 단계로 들어간다. 또한 교수자는
자치기 놀이에 대한 학생들의 경험을 듣고 이야기를 나눈다.

전개 과정은 자치기 놀이 설명하기 → 자치기 놀이 수행하기
→ 자치기 놀이 재구성하기의 단계로 진행된다. 먼저 자치기 놀
이 설명하기는 교수자가 놀이의 개념, 방법, 규칙 등을 설명한
후 시범을 보이고 학생들은 관찰을 하는 모델링 단계이다. 이때

교수자는 학생들에게 놀이 방법과 도구 사용법에 대한 지식만을 전달하는 것이 아닌 학생들이 서로 규칙을 지켜 안전하게 놀이를 하려면 어떻게 소통하고 배려해야 하는지를 설명한다. 다음으로 자치기 놀이 수행하기(사진 29와 30)는 학생들이 소집단별로 놀이 과제를 수행하고 교수자가 이를 관찰해 피드백이나 힌트로 도움을 주는 코칭 단계, 학생들이 놀이에 보다 능숙해질 수 있도록 교수자가 세세한 부분을 다시 지도해 도움을 주는 스캐폴딩 단계, 자치기 놀이를 학생들이 직접 설명하거나 시연해보는 명료화 단계, 소집단에서 자치기 놀이를 해보면서 다른 학생들과 자신의 놀이 수행을 비교해보는 반성적 사고 단계로 이루어진다. 그다음으로 자치기 놀이 재구성하기(사진 31과 32)는 소집단별로 학생들이 기존 놀이 방법이나 도구의 변형을 토의하여 새로운 자치기 놀이를 구성해 실시해보는 탐구 단계이다. 이때 교수자는 사려 깊고 개방적인 질문을 하고 학생들도 상호 질문으로 탐구를 촉진한다. 또한 교수자는 학생들 각자가 소집단 내에서 자기를 조절하여 책임을 완수해야 함을 강조하여 협력적 관계를 고취한다. 다음으로 각 소집단에서 재구성한 자치기 놀이를 소개하도록 한 뒤 어느 집단에서 만든 놀이가 더 흥미롭고 새로운지 토의로 결정한다. 그다음으로 새로운 자치기 놀이를 소집단별로 해본 후 집단 간 대항을 실행한다.

마무리 과정은 재구성한 자치기 놀이에 대한 학생들의 생각을 나누는 평가 단계이다. 평가 내용으로는 다른 학생들과 함께 협동학습으로 재구성한 자치기 놀이를 기존의 놀이와 비교해보고 어떤 방법이 성공적이었는지 혹은 성공적이지 못했는지, 다음을 위해서는 어떤 점을 수정해야 하는지 생각해보도록 한다. 또한 재구성된 자치기 놀이로 승리한 집단의 학생들을 칭찬해준 후 승리할 수 있었던 이유에 대해 의견을 들어본다. 이와 더불어 교수자와 학생들이 인성의 가치·덕목을 짚어보며 소집단에서 자치기 놀이를 수행하는 가운데 느낀 점을 이야기하는 시간을 갖는다.

이상과 같은 자치기 놀이를 활용한 인성교육은 놀이를 변형해 재구성하는 것에 관한 소통에서 학생들이 상호 배려와 존중으로 공감을 나누거나 의견 차이로 인한 갈등을 해결해 나가는 역량을 증진할 수 있다. 또한 상대편과의 대항을 위해 각 소집단의 학생들이 책임을 다하고 정직하게 규칙을 준수하게 된다. 이와 더불어 수비하는 편에서는 자기편의 수비 방법에 관해 의견을 모으는 과정에서 협동이 이루어지며, 공격하는 편에서는 공격자가 작은 자를 멀리 쳐서 날린 후 자수를 유추하는 과정에서 구성원들이 의견을 나누는 협력이 이루어지게 된다.

<표 18> 인성교육을 위한 자치기 놀이 활동 계획안

활 동 명	자치기 놀이	인성 가치 · 덕목	정직, 책임, 존중, 배려, 소통, 협동
활 동 일	년 월 일		
활동시간	시 ~ 시(90분)		
활동장소	지역사회기관의 교육 공간	활동주체	초등학생 20명
활동목표	○소집단에서 상호 존중, 소통, 배려로 새로운 자치기 놀이를 재구성해 제시할 수 있다. ○책임감을 갖고 자기편에 협력하며 정직하게 규칙을 지켜 새롭게 변형된 놀이를 수행할 수 있다.		
활동자료	큰 자 4개, 작은 자 4개, 색 테이프 2개, 점수표		
활동과정	활동 내용	활동 시 유의점	
도입 (10분)	○인사 나누기 ○자치기 놀이에 대한 흥미 유발하기 ○자치기 놀이를 해본 경험에 대한 이야기 나누기	Youtube의 자치기 놀이를 보여주어 흥미를 유발한다.	
전개 (60분)	○자치기 놀이 설명하기 - 교수자가 자치기 놀이의 개념, 방법, 규칙 설명하기 - 학생들이 관찰할 수 있도록 교수자가 자치기 놀이 시범 보이기		
	○자치기 놀이 수행하기 - 5명씩 소집단을 구성하여 학생들이 자치기 놀이 과제 실행하기 - 학생들이 자치기 놀이의 방법과 규칙에 대해 설명하기 - 소집단에서 자치기 놀이를 하며 다른 학생들과 자신의 놀이 수행 비교해보기	교수자가 학생들의 자치기 놀이를 관찰하여 피드백하고, 놀이를 어려워하는 학생은 다시 지도해준다.	
	○자치기 놀이 재구성하기 - 소집단별로 학생들이 자치기 놀이 방법이나 도구의 변형에 대해 토의하기 - 각 소집단에서 재구성한 자치기 놀이 소개하기 - 어느 집단에서 만든 자치기 놀이가 더 흥미롭고 새로운지 토의로 결정하기 - 토의로 결정된 새로운 자치기 놀이를 소집단별로 해보기 - 집단 간 대항으로 자치기 놀이 실시하기	협동 활동에 어려움을 느끼는 집단이 있는 경우 교수자가 개입하여 협력적 기능의 필요성을 인식시켜 주어야 한다.	

마무리 (20분)	○재구성된 자치기 놀이 평가하기 - 기존 자치기 놀이와 새로운 자치기 놀이 비교해보기	재구성한 자치기 놀이에서 성공적인 점, 수정할 점에 대해 이야기를 나눈다.

	○재구성된 자치기 놀이로 승리한 집단 칭찬하기
	- 대항에서 승리한 집단을 칭찬해준 후에 자치기
	  놀이에서 승리할 수 있었던 이유에 대해 의견
	  들어보기	

	○협동학습을 통해 느낀 점 나누기 - 협동학습으로 자치기 놀이를 수행하면서 각자 느낀 점에 대해 이야기하기	인성의 가치· 덕목을 짚어보도록 한다.

<사진 29> 자치기 놀이 수행하기 ①
(학생들이 큰 자와 작은 자로 자치기 놀이를 수행한다.
처음에는 작은 자를 멀리 쳐서 날리기 어렵다)

<사진 30> 자치기 놀이 수행하기 ②
(교수자가 학생들에게 정확성과 민첩성을 발휘해
큰 자로 작은 자를 쳐야 함을 다시 지도해준다)

<사진 31> 자치기 놀이 재구성하기 ①
(놀이 방법의 변형에 관해 학생들이 토의를 한다)

<사진 32> 자치기 놀이 재구성하기 ②
(수비 편의 학생이 던진 작은 자를 공격 편의 학생이 큰 자로 쳐서
멀리 날리는 방법으로 재구성한 놀이를 이행한다)

9) 투호 놀이와 인성교육

(1) 투호 놀이의 개념과 방법

투호(投壺)는 편을 나누어 일정한 거리에서 병 속에 화살을 던져 넣는 놀이이다. 이는 중국의 『예기(禮記)』 <투호 편>에 들어 있을 만큼 오랜 역사를 지니며, 놀이의 참여자들 간에 예의를 행하는 것이 중요시되었다.

우리나라에서도 일찍이 삼국시대부터 투호 놀이가 있었다는 기록이 있어 역사적으로 오래되었음을 알 수 있다. 조선 시대에는 주로 궁중이나 고관(高官)의 기로연(耆老宴)[40] 때 여흥으로 행하였으며 놀이를 할 때 상대편을 향한 예(禮)를 정중히 지키도록 하였다(심우성, 1996).

투호 놀이에 쓰는 병의 종류나 크기에는 여러 가지가 있으며 화살의 크기 또한 다양했다. 투호 놀이의 방법은 일정한 거리(약 1m)에 세워둔 투호 병을 향해 화살을 던져 <그림 4>와 같이 병의 구멍이나 귓구멍 속에 던져 넣는 것으로 화살이 꽂히는 곳에 따라 점수가 정해졌다. 예를 들어 병의 구멍에 꽂히면 10점, 귓구멍에 꽂히면 5점이 되었다. 한 사람당 12개 화살을 가지고 승부를 겨루는데 화살을 던질 때는 던지는 사람의 양쪽 어깨가 균

---

[40] 기로연은 조선 시대 기로소(耆老所: 70세 이상의 연로한 관료들의 친목과 예우를 위해 설치한 기관)에 등록된 정2품 이상 전·현직 관료들을 위해 국가에서 베풀던 잔치였다. 이는 매년 음력 3월 3일과 9월 9일경 보제루(普濟樓: 사찰의 누각)에서 개최가 되었다. 잔치에 참석한 이들은 먼저 편을 갈라 투호 놀이를 한 뒤, 진 편에서 술잔을 들어 이긴 편에 주면 이긴 편에서는 풍악에 맞추어 읍하고서 술을 마셨다(이영덕, 1997).

형을 이루어 기울어지지 않게 주의해야 했다. 놀이에서 이기는 것을 '현(賢)', 지는 것을 '불승(不勝)'이라고 했다(이영덕, 1997).

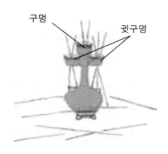

<그림 4> 투호
출처: 조흥윤(2004), 민속에 대한 기산의 지극한 관심, 민속원.

오늘날에는 투호를 병 외에도 항아리나 플라스틱으로 만든 통으로 대신할 수 있다. <그림 4>에서처럼 투호의 귓구멍을 2개 만들거나 귓구멍을 더 만들 수도 있다. 또한 투호 병에 약간의 팥이나 모래를 담아 두면 쓰러지는 것을 방지할 수 있고 화살도 밖으로 튕겨 나오지 않게 된다. 화살은 나무 막대나 긴 나무젓가락으로 대체할 수 있다. 소집단들을 구성해 집단 간 대항을 하려면 집단별로 화살의 색을 다르게 하거나 놀이 전에 합의하여 화살 숫자를 조정하면 된다. 점수를 매길 때는 투호 병의 중앙에 있는 구멍과 귓구멍을 다르게 계산할 수도 있고 각 귓구멍의 크기를 서로 달리해서 점수 배점도 차이 나게 할 수도 있다.

이와 같은 투호 놀이는 화살을 투호에 넣기 위한 노력에서 눈과 손의 협응력, 주의 집중력을 높일 수 있고 정서적 안정과 성취감을 도모할 수 있다(이홍재, 2016).

(2) 인성교육을 위한 투호 놀이의 활용

인성교육을 위한 투호 놀이 활용(표 19)의 도입 과정에서는 지역사회기관의 교육 공간에서 만난 학생들끼리 소개를 하며 인사를 나누고 친해질 수 있는 시간을 갖도록 한다. 다음으로 교수자는 오늘 학생들이 수행할 투호 놀이에 대한 흥미와 호기심을 불러일으키는 동기유발의 단계로 들어간다. 또한 교수자는 투호 놀이에 대한 학생들의 경험을 듣고 이야기를 나눈다.

전개 과정은 투호 놀이 설명하기 → 투호 놀이 수행하기 → 투호 놀이 재구성하기의 단계로 진행된다. 먼저 투호 놀이 설명하기는 교수자가 놀이의 개념, 방법, 규칙 등을 설명한 후 시범을 보이고 학생들은 관찰을 하는 모델링 단계이다. 이때 교수자는 학생들에게 놀이 방법과 도구 사용법에 대한 지식만을 전달하는 것이 아닌 학생들이 서로 규칙을 지켜 안전하게 놀이를 하려면 어떻게 소통하고 배려해야 하는지를 설명한다. 또한 화살을 던지기 전 상대편 학생과 서로 정중하게 인사의 예를 행한 후 상대가 화살을 던질 때까지 잠시 기다려 주어야 함을 언급한다. 다음으로 투호 놀이 수행하기(사진 33과 34)는 학생들이 소집단별로 놀이 과제를 수행하고 교수자가 이를 관찰해 피드백이나 힌트로 도움을 주는 코칭 단계, 학생들이 놀이에 보다 능숙해질 수 있도록 교수자가 세세한 부분을 다시 지도해 도움을 주는 스캐폴딩 단계, 투호 놀이를 학생들이 직접 설명하거나 시연해보는 명료화 단계, 소집단에서 투호 놀이를 해보면서 다른 학생들과 자신의 놀이 수행을 비교해보는 반성적 사고 단계로 이루어진다. 그다음으로 투호 놀이 재구성하기(사진 35와 36)는 소집단별로 학생들이 기존 놀이 방법이나 도구의 변형을 토의하여 새로운 투호 놀이를 구성해 실시해보는 탐구 단계이다. 이때 교수자는 사려 깊고 개방적인 질문을 하고 학생들도 상호 질문으로 탐구를 촉진한다. 또한 교수자는 학생들 각자가 소집단 내에서 자기를 조절하여 책임을 완수해야 함을 강조하여 협력적 관계를 고취한다. 다음으로 각 소집단에서 재구성한 투호 놀이를 소개하여 어느 집단에서 만든 놀이가 더 흥미롭고 새로운지 토의로 결정한다. 그다음으로 새로운 투호 놀이를 소집단별로 해본 후 집단 간 대항을 실행하도록 한다.

마무리 과정은 재구성한 투호 놀이에 대한 학생들의 생각을 나누는 평가 단계이다. 평가 내용은 협동학습으로 재구성한 투호 놀이를 기존의 놀이와 비교해보고 어떤 방법이 성공적이었는지 혹은 성공적이지 못했는지, 다음을 위해서는 어떤 점을 수정해야 하는지 생각해본다. 또한 재구성된 투호 놀이로 승리한 집단의 학생들을 칭찬해준 후 승리할 수 있었던 이유에 대해 의견을 들어본다. 이와 더불어 교수자와 학생들이 인성의 가치·덕목을 짚어보며 소집단에서 투호 놀이를 수행하는 가운데 느낀 점을 이야기하는 시간을 갖는다.

　이상과 같은 투호 놀이를 활용한 인성교육은 놀이를 변형해 재구성하는 것에 관한 소통의 과정에서 학생들이 상호 배려와 존중으로 공감을 나누거나 의견 차이로 인한 갈등을 해결해 나가는 역량을 증진할 수 있다. 또한 자기편의 구성원이 화살을 투호의 구멍이나 귓구멍에 넣는 방법에 관해 의견을 모으는 과정에서 공동체 의식을 도모하는 협동도 이루어지게 된다. 이와 더불어 다른 집단과의 대항에 있어 상대편과 서로 인사의 예(禮)를 행한 후 소집단의 구성원으로서 정직하게 규칙을 지키며 책임감을 갖고 임하게 된다.

<표 19> 인성교육을 위한 투호 놀이 활동 계획안

활 동 명	투호 놀이	인성 가치·덕목	정직, 책임, 존중, 배려, 소통, 협동, 예(禮)
활 동 일	년　월　일		
활동시간	시~　시(90분)		
활동장소	지역사회기관의 교육 공간	활동주체	초등학생 20명
활동목표	○소집단에서 상호 존중과 소통, 배려와 협동으로 새로운 투호 놀이를 재구성해 제시할 수 있다. ○상대편에게 인사의 예를 행하고 소집단의 구성원으로서 책임을 다하며 정직하게 규칙을 지켜 새롭게 변형된 투호 놀이를 수행할 수 있다.		
활동자료	투호 병 4개, 플라스틱 화살 4세트, 색 전지 4장, 크레파스 4세트, 가위 8개, 신문지 40장, 점수표		
활동과정	활동 내용		활동 시 유의점
도입 (10분)	○인사 나누기 ○투호 놀이에 대한 흥미 유발하기		국립민속 박물관 사이트의

	○투호 놀이를 해본 경험에 대한 이야기 나누기	어린이박물관 투호 놀이 검색으로 흥미를 유발한다.
전개 (60분)	○투호 놀이 설명하기 - 교수자가 투호 놀이의 개념, 방법, 규칙, 상대편과의 인사의 예 설명하기 - 학생들이 관찰할 수 있도록 교수자가 투호 놀이 시범 보이기	
	○투호 놀이 수행하기 - 5명씩 소집단을 구성하여 학생들이 투호 놀이 과제 실행하기 - 학생들이 투호 놀이의 방법과 규칙에 대해 설명하기 - 소집단에서 투호 놀이를 하며 다른 학생들과 자신의 놀이 수행 비교해보기	교수자가 학생들의 투호 놀이를 관찰하여 피드백하고, 놀이를 어려워하는 학생은 다시 지도해준다.
	○투호 놀이 재구성하기 - 소집단별로 학생들이 투호 놀이 방법이나 도구의 변형에 대해 토의하기 - 각 소집단에서 재구성한 투호 놀이 소개하기 - 어느 집단에서 만든 투호 놀이가 더 흥미롭고 새로운지 토의로 결정하기 - 토의로 결정된 새로운 투호 놀이를 소집단별로 해보기 - 집단 간 대항으로 투호 놀이 실시하기	협동 활동에 어려움을 느끼는 집단이 있는 경우 교수자가 개입하여 협력적 기능의 필요성을 인식시켜 주어야 한다.
마무리 (20분)	○재구성된 투호 놀이 평가하기 - 기존 투호 놀이와 새로운 투호 놀이 비교해보기	재구성한 투호 놀이에서 성공적인 점, 수정해야 할 점에 대해 이야기를 나눈다.
	○재구성된 투호 놀이로 승리한 집단 칭찬하기 - 대항에서 승리한 집단을 칭찬해준 후에 투호 놀이에서 승리할 수 있었던 이유에 대해 의견 들어보기	
	○협동학습을 통해 느낀 점 나누기 - 협동학습으로 투호 놀이를 수행하면서 각자 느낀 점에 대해 이야기하기	인성의 가치·덕목을 짚어보도록 한다.

<사진 33> 투호 놀이 수행하기 ①
(학생들이 편을 나누어 서로 인사를 하고 투호 놀이를 수행한다.
처음에는 익숙하지 않아 투호 병 안에 화살을 잘 넣지 못한다)

<사진 34> 투호 놀이 수행하기 ②
(교수자가 학생들에게 투호 병 안에 화살이 들어가게 하려면
구멍을 조준해서 던지는 힘을 조절해야 함을 다시 지도해준다)

<사진 35> 투호 놀이 재구성하기 ①
(놀이도구의 변형에 관해 학생들이 토의를 해서 투호 병 대신 전지에 하트 모양을
그려 구멍을 뚫고 놀이를 할 때 단계별로 구멍의 높이를 다르게 들기로 한다)

<사진 36> 투호 놀이 재구성하기 ②
(학생들이 상대편에게 고운 인사말로 인사를 한 후 하트 구멍 속에 신문지로 만든
화살을 넣는 방법으로 재구성한 놀이를 이행한다)

10) 다례 놀이와 인성교육

(1) 다례 놀이의 개념과 방법

다례(茶禮) 놀이는 우리 고유의 소꿉놀이를 응용한 것으로 지역사회기관의 교육 공간에 초등학생과 부모가 함께 참여해 인성의 가치·덕목으로 정직, 책임, 존중, 배려, 소통, 협동, 예(禮)와 더불어 효(孝)를 함양하는 교육이 이루어지도록 한다.

본래 소꿉놀이는 그릇, 돌, 풀, 꽃 등을 모아 요리를 만들어 맛있게 먹고 마시는 흉내를 내거나 손님을 접대하는 상황을 흉내 내면서 역할놀이를 하던 것이다(이상호, 2018). Stewart Culin(1895)이 저술한 『한국의 놀이』에 따르면 한국의 경우 소꿉놀이를 위해 대합조개나 작은 잔들을 사용해 음식을 대접하는 놀이를 했다고 기록되어 있다.

특히 다례 놀이는 차를 우려서 마시는 예절을 중점으로 하는 놀이이다. 조선 시대 학자인 이목(李穆, 1471-1498)은 '차(茶)는 사람으로 하여금 예(禮)를 갖추게 한다'라고 하였다. 이처럼 우리 선조들은 차를 우려 마심에 있어 함께하는 이들과 다례를 행하여 좋은 품성을 가꾸는 교육으로 발전시켰다(이상점, 2020). 따라서 지역사회기관의 교육 공간에서 다례 놀이를 할 때도 예의 바른 몸가짐으로 임하도록 하며 함께 참여하신 부모님에게 차를 드림에 있어 정성을 다하는 효의 마음을 되새기도록 한다.

다례 놀이를 할 때는 찻상(탁자), 다관, 숙우, 차호, 차시, 찻잔, 찻잔 받침, 퇴수기, 다건, 차(녹차), 다식을 준비한다. 먼저 다식을 접시에 가지런히 담아놓는다. 다음으로 물을 끓여 70℃[41] 정도로 식혀 보온병에 담아둔다.

학생들이 소집단별로 주인과 손님들이 되어 서로를 향해 절[42]이나 인사를 하고 자리에 앉는다. 만일 자리에 방석이 있으면 앉기 전에 방석을 밟지 않도록 주의하고, 앉을 때는 방석의 양쪽 모서리를 두 손으로 잡아당겨 양쪽 무릎 밑으로 넣으면서 몸이 흔들리지 않게 두 무릎을 가지런히 하여 꿇어앉는다.

차 자리에서는 첫째, 보온병에 담아놓은 물을 숙우에 따르고 다시 그 물을 다관에 넣은 다음, 찻잔에 다시 따름으로써 다관과 찻잔을 예열[43]한다. 둘째, 보온병에서 차 우릴 물을 숙우에 따른다. 셋째, 차시로 차호에서 찻잎을 떠서 인원 수(1인 기준 2g 정도)에 맞게 다관에 넣는다. 넷째, 숙우에 있는 물을 다관에 부어 약 1분에서 1분 30초 정도 차를 우린다. 다섯째, 차가 우려지는

---

41) 녹차를 우릴 물은 70℃ 정도로 식힌다. 물이 너무 뜨거우면 찻잎에서 쓰고 떫은맛이 많이 우러나 맛이 감소하기 때문이다.

42) 남학생의 경우 두 손을 모아 앞으로 가지런히 맞잡아 공수(拱手)하고 선다. 공수는 두 손의 손가락을 가지런히 펴서 붙인 다음 앞으로 모아 왼손이 오른손 위로 오도록 하는데 이 때 엄지손가락을 엇갈리게 하고 나머지 네 손가락을 서로 포갠다. 공수한 손의 위치는 엄지가 배꼽 위치에 닿을 정도로 자연스럽게 내린다. 절을 할 때는 공수한 손을 눈높이만큼 올렸다가 내리면서 허리를 굽혀 맞잡은 두 손을 바닥에 댄다. 왼쪽 무릎을 먼저 꿇은 후 오른쪽 무릎을 꿇고 엉덩이를 안착한다. 팔꿈치를 바닥에 붙이면서 손등 위에 이마가 닿도록 몸을 구부려 잠시 머문다. 일어설 때는 머리를 들면서 팔꿈치를 바닥에서 뗀다. 오른쪽 무릎을 세운 후 공수한 손을 오른쪽 무릎에 가볍게 얹으면서 왼쪽 무릎을 세워 일어나 두 발을 가지런히 모아 바로 서서 다시 공수한다. 여학생의 경우 오른손이 위로 오도록 공수하고 선다. 앞으로 모았던 두 손을 풀어 양옆으로 내리면서 왼쪽 무릎을 먼저 꿇은 후 오른쪽 무릎을 왼쪽 무릎과 가지런히 꿇고 엉덩이를 안착한다. 양팔은 어깨너비만큼 벌리되 팔과 팔꿈치는 구부리지 않고 두 손의 끝을 바닥에 살며시 댄다. 상체를 약 30도 정도 숙여 잠시 머문다. 일어설 때는 상체를 일으키면서 팔을 양옆으로 보내고 오른쪽 무릎을 세우고 다음으로 왼쪽 무릎을 세워 두 발을 가지런히 모아 바로 서서 다시 공수한다.

43) 예열 과정은 차를 우렸을 때 온도를 따뜻하게 유지하기 위함이다.

동안 예열하기 위해 찻잔에 담아둔 물을 퇴수기에 따라 버린다. 여섯째, 다관에서 우린 찻물의 농도를 고르게 하기 위해 각 찻잔에 세 번 나누어 돌아가며 따른다. 일곱째, 주인 역할을 하는 학생이 손님 역할을 하는 학생들 앞에 찻잔과 받침을 가져다 놓고 자신 앞에도 놓는다. 차를 마실 때는 찻잔을 오른손으로 잡고 왼손으로 받친다. 주인이 손님들에게 묵례를 하고 차를 권하면 색과 향 그리고 맛을 느끼며 서너 번 정도 나누어 마신다. 손님들은 묵례로 주인에게 감사 인사를 하고 나서 다식도 먹으며 차를 마신다(박명옥·최배영, 2004).

이와 같은 다례 놀이는 주의력과 집중력을 갖게 하며 차를 우리는 순서와 질서를 배우게 된다(배근희 외, 2006). 또한 차를 함께 마시는 주인과 손님들이 관계의 조화를 이루기 위해 노력하게 된다(형정란, 2018).

(2) 인성교육을 위한 다례 놀이의 활용

인성교육을 위한 다례 놀이 활용(표 20)의 도입 과정에서는 지역사회기관의 교육 공간에서 만난 학생들끼리 인사를 나누고 친밀해질 수 있는 시간을 갖도록 한다. 다음으로 교수자는 오늘 학생들이 수행할 다례 놀이에 대한 흥미와 호기심을 불러일으키는 동기유발의 단계로 들어간다. 또한 교수자는 다례 놀이에 대한 학생들의 경험을 듣고 이야기를 나눈다.

전개 과정은 다례 놀이 설명하기 → 다례 놀이 수행하기 →

다례 놀이 재구성하기의 단계로 진행된다. 먼저 다례 놀이 설명하기는 교수자가 놀이의 개념, 방법, 규칙 등을 설명한 후 시범을 보이고 학생들은 관찰을 하는 모델링 단계이다. 이때 교수자는 학생들에게 놀이 방법과 도구 사용법에 대한 지식만을 전달하는 것이 아닌 학생들이 서로 규칙을 지켜 안전하게 놀이를 하려면 어떻게 소통하고 배려해야 하는지를 설명한다. 다음으로 다례 놀이 수행하기(사진 37과 38)는 학생들이 소집단별로 놀이 과제를 수행하고 교수자가 이를 관찰해 피드백이나 힌트로 도움을 주는 코칭 단계, 학생들이 다례 놀이에 보다 능숙해질 수 있도록 교수자가 세세한 부분을 다시 지도해 도움을 주는 스캐폴딩 단계, 다례 놀이를 학생들이 직접 설명하거나 시연해보는 명료화 단계, 소집단에서 다례 놀이를 해보면서 다른 학생들과 자신의 놀이 수행을 비교해보는 반성적 사고 단계로 이루어진다. 그다음으로 다례 놀이 재구성하기(사진 39와 40)는 차를 우려 부모님에게 드리기 위해 소집단별로 기존 놀이 방법이나 도구의 변형을 토의하여 새로운 다례 놀이를 구성해 실시해보는 탐구 단계이다. 이때 교수자는 사려 깊고 개방적인 질문을 하고 학생들도 상호 질문으로 탐구를 촉진한다. 또한 교수자는 학생들 각자가 소집단 내에서 자기를 조절하여 책임을 완수해야 함을 강조하여 협력적 관계를 고취한다. 다음으로 각 소집단에서 재구성한 다례 놀이를 소개하여 어느 집단에서 만든 놀이가 더 흥미롭고 새로운지 토의로 결정한다. 그다음으로 새로운 다례 놀이를 위해 각 학생이 부모님을 자리로 모셔 와서 놀이를 실행한다.

마무리 과정은 재구성한 다례 놀이에 대한 생각을 나누는 평가 단계이다. 평가 내용으로는 다른 학생들과 함께 협동학습으로 재구성한 다례 놀이를 기존의 다례 놀이와 비교해보고 어떤 방법이 성공적이었는지 혹은 성공적이지 못했는지, 다음을 위해서는 어떤 점을 수정해야 하는지 생각해보도록 한다. 또한 재구성된 다례 놀이를 수행한 자녀를 향해 부모님이 칭찬해주고 싶은 점에 대해 말씀을 들어본다. 이와 더불어 교수자와 학생들이 인성의 가치·덕목을 짚어보며 소집단에서 다례 놀이를 재구성하는 가운데 느낀 점을 이야기하는 시간을 갖는다.

이상과 같은 다례 놀이를 활용한 인성교육은 또래와의 다례에서 부모님과의 다례로 놀이를 변형해 재구성하는 것에 관한 소통의 과정에서 학생들이 상호 배려와 존중으로 협력해 공감을 나누거나 의견 차이로 인한 갈등을 해결해 나가는 역량을 증진할 수 있다. 또한 학생들이 예의 바르게 다례의 순서와 안전 규칙을 지키며 자신의 역할에 따르는 책임을 다해 부모님에게 효의 마음을 담아 차를 드리는 재구성된 놀이를 수행할 수 있다.

<표 20> 인성교육을 위한 다례 놀이 활동 계획안

활 동 명	다례 놀이	인성 가치·덕목	정직, 책임, 존중, 배려, 소통, 협동, 예(禮), 효(孝)
활 동 일	년 월 일		
활동시간	시~ 시(90분)		
활동장소	지역사회기관의 교육 공간	활동주체	초등학생 10명, 부모님 10명
활동목표	○소집단에서 상호 존중과 소통, 배려와 협력으로 새로운 다례 놀이를 재구성해 제시할 수 있다. ○예의 바르게 다례의 순서와 규칙을 지키며 자신의 역할에 따르는 책임을 다해 부모님에게 효의 마음을 담아 차를 드리는 놀이를 수행할 수 있다.		
활동자료	차 도구 10세트, 녹차 1통, 다식 10세트, 접시 10개		

활동과정	활동 내용	활동 시 유의점
도입 (10분)	○인사 나누기 ○다례 놀이에 대한 흥미 유발하기 ○다례 놀이를 해본 경험에 대한 이야기 나누기	다례 놀이 도구를 보여주며 흥미를 유발한다.
전개 (60분)	○다례 놀이 설명하기 - 교수자가 다례 놀이의 개념, 방법, 규칙 설명하기 - 학생들이 관찰할 수 있도록 교수자가 다례 놀이 시범 보이기	
	○다례 놀이 수행하기 - 5명씩 소집단을 구성하여 학생들이 다례 놀이 과제 실행하기 - 학생들이 다례 놀이의 방법과 규칙에 대해 설명하기 - 소집단에서 다례 놀이를 하며 다른 학생들과 자신의 놀이 수행 비교해보기	교수자가 학생들의 다례 놀이를 관찰하여 피드백하고, 놀이를 어려워하는 학생은 다시 지도해준다.
	○다례 놀이 재구성하기 - 소집단에서 학생들이 새로운 다례 놀이 방법이나 도구의 변형에 대해 토의하기 - 각 소집단에서 재구성한 다례 놀이 소개하기 - 학생과 부모님이 조를 이루어 재구성된 다례 놀이하기	협동 활동에 어려움을 느끼는 집단이 있는 경우 교수자가 개입하여 협력적 기능의 필요성을 인식시켜야 한다.
마무리 (20분)	○재구성된 다례 놀이 평가하기 - 기존 다례 놀이와 새로운 다례 놀이 비교해보기	재구성한 다례 놀이에서 성공적인 점, 수정할 점에 대해 이야기를 나눈다.

	○재구성된 다례 놀이 수행 칭찬하기
	- 재구성된 다례 놀이를 수행한 자녀를 향해
	  부모님이 칭찬해주고 싶은 점에 대해 말씀
	  들어보기	

	○협동학습을 통해 느낀 점 나누기 - 협동학습으로 새로운 다례 놀이를 수행하면서 학생들이 각자 느낀 점에 대해 이야기하기	인성의 가치·덕목을 짚어보도록 한다.

<사진 37> 다례 놀이 수행하기 ①
(학생들이 또래와 다례 놀이를 수행한다. 처음에는 익숙하지 않아 차를 마실 때
오른손으로 찻잔을 잡고 왼손으로 받치는 것이 어색하다)

<사진 38> 다례 놀이 수행하기 ②
(교수자가 학생들에게 찻잔에 차를 따르는 방법과
차를 마시는 방법을 다시 지도해준다)

<사진 39> 다례 놀이 재구성하기 ①
(부모님과의 다례 놀이 방법에 대해 학생들이 토의를 한 후
부모님을 자리로 모셔 와서 설명을 해 드린다)

<사진 40> 다례 놀이 재구성하기 ②
(부모님을 모신 자리에서 학생이 차를 드리고 함께 마시는 방법으로
재구성한 놀이를 이행한다)

맺음말

초등학생의 놀이 행위는 삶을 이루는 기본적인 활동이다. 또래와의 관계를 맺으며 사회성을 키우는 시기에 건전한 놀이 활동의 공유는 아동의 발달 및 안녕과 관련이 된다. 또한 놀이는 아동으로 하여금 암기 위주의 이론학습에서 벗어나 다양한 체험 활동에 몰입하여 또래와 협동하는 학습도 체득할 수 있게 한다. 나아가 놀이를 통한 교육은 아동의 심리적, 행동적 발달뿐 아니라 지적, 창의적, 과학적 사고의 습득도 가능하게 할 수 있다. 이로 보면 초등학생에게 흥미롭고 즐거운 놀이는 지성(知性), 감정(感情), 의지(意志)의 전인적 성장에 의미 있는 역할을 하여 인성교육에 초석이 된다.

인성교육은 자신의 내면을 바르고 건전하게 가꾸며 타인·공동체·자연과 더불어 살아가기 위한 인간다운 성품과 역량을 기르는 것을 목적으로 한다. 이처럼 미래에 우리 사회를 이끌어나갈 초등학생들의 건강한 자기관리와 원만한 대인관계를 도모하는 인성교육은 아동의 생활환경인 지역사회와도 긴밀히 연계되어야 자연스럽게 일상의 삶으로 스며들게 된다.

"한 아이를 키우려면 온 마을이 필요하다"라는 아프리카의 속담처럼 초등학생 아동을 위한 인성교육은 이제 학교와 가정 그리고 다양한 지역사회기관의 참여와 연대 속에 이루어져야 한다.

이 책이 제안하는 것처럼 지역사회기관에서 구성주의에 기반을 두고 전래놀이를 활용하는 인성교육은 초등학생들이 전래놀이를 자유롭게 재구성하는 과정에 또래와의 상호 소통, 협력을 강화하여 서로의 관점과 처지를 이해하고 공감하는 원동력이 생성될 수 있다. 즉 기존 전래놀이의 방법이나 도구 사용의 변형을 모색해보는 인지적 성장, 의견을 내는 과정에서 서로의 감정을 존중하며 배려하는 정서적 성장, 각기 다른 생각에서 비롯되는 견해의 차이를 대화로 풀어나가는 정의적 성장에 균형을 이루게 되는 것이다.

그동안 초등학생을 대상으로 하는 전래놀이 연구의 대부분은 신체적, 정서적, 지적, 문화적 측면의 개별 주제로는 다루어져 왔지만 우리 사회의 선결과제인 전인적 인성교육 측면의 접근은 여전히 아쉬움이 존재한다. 이에 앞으로 초등학생 인성교육을 위해 보다 많은 전래놀이에 대한 탐구와 활용에 대한 논의가 지속해서 이루어져야 하며 이를 위해 학교 및 가정과 함께 노력하는 지역사회기관의 교육적 기능과 책임 있는 수행이 요구되는 때다.

참고문헌

강성아(2005), 구성주의 및 구조 중심 협동학습에 기초한 생활 태도 개선 프로그램 개발과 효과성 연구: 초등학교 5학년을 중심으로, 고려대학교 교육대학원 석사학위논문.

강인애(1997), 왜 구성주의인가?, 문음사.

고재욱(2015), 유가 윤리의 특성과 五常의 현대적 의의, 태동고전연구, 35.

곽재선(2004), 초등학생들의 민속놀이 활동 참여 실태에 관한 연구, 경기대학교 교육대학원 석사학위논문.

교육부(2018), 초등학교 교육과정, http://ncic.go.kr

교육부(2020), 제2차 인성교육 종합계획, https://www.moe.go.kr

권경섭(2013), 민속놀이 참여가 초등학생의 체육수업 참여 태도에 미치는 영향, 경인교육대학교 교육전문대학원 석사학위논문.

권덕원(2009), 음악교육에서 '구성'의 의미와 활용, 음악교육연구, 36.

김경원(2009), 구성주의 관점의 컴퓨터 이론수업을 위한 협동학습 연구, 경희대학교 교육대학원 석사학위논문.

김경철(2006), 민속놀이가 초등학생의 체력 향상에 미치는 영향, 경인교육대학교 교육전문대학원 석사학위논문.

김기자(2004), 집단 민속놀이가 초등학생의 응집력과 사회성에 미치는 효과, 순천대학교 교육대학원 석사학위논문.

김길순(2015), 인성교육진흥법의 문제점과 보완방안, 한국사상과 문화, 78.

김나경(2016), 초등학생의 전통문화 이해를 위한 세시풍속 주제 중심학습 프로그램 개발: 미술 표현활동을 중심으로, 경인교육대학교 교육전문대학원 석사학위논문.

김덕선(1978), 자치기(打尺) 놀이의 傳統文化的 內容價值, 대구교대 논문집, 14.

김덕선(1979), 제기차기와 팽이치기 놀이의 傳統文化的 內容價值, 대구교대 논문집, 15.

김문영(2013), 인성교육으로서 해외 봉사학습에 참여한 초등학생들의 도덕성 발달 양상, 이화여자대학교 교육대학원 석사학위논문.

김미자(2011), 전통놀이 프로그램이 초등학생의 창의성 및 정서 지능에 미치는 영향, 전주교육대학교 교육대학원 석사학위논문.

김민석(2015), 전래놀이 프로그램이 지역아동센터 아동의 자아존중감과 사회적 능력에 미치는 영향, 동신대학교 대학원 석사학위논문.

김상규(2018), 초등 수학 교육 학습 신장을 위한 전통놀이 활용방안, 제주대학교 교육대학원 석사학위논문.

김옥경(2019), 전통놀이 사례분석을 통한 통합예술교육 활용방안, 삼육대학교 대학원 석사학위논문.

김윤희(2000), 구성주의에 기초한 인지적 도제 학습의 효과 분석, 고려대학교 대학원 박사학위논문.

김재향(2019), 전래놀이를 활용한 미술놀이 프로그램 개발 연구: 만 5, 6세 유아를 중심으로, 안동대학교 한국문화산업전문대학원 석사학위논문.

김정연(2018), 초등학생 인성교육을 위한 기능성 보드게임 및 프로그램의 개발과 효과 검증, 대전대학교 대학원 박사학위논문.

김종필(2005), 전래놀이가 초등학생의 자아존중감과 대인관계에 미치는 영향, 서울교육대학교 교육전문대학원 석사학위논문.

김준호(2010), 다중지능 민속놀이 프로그램이 초등학생의 내적 동기와 체육수업 만족도에 미치는 영향, 서울교육대학교 교육전문대학원 석사학위논문.

김진선(2000), 전래놀이 활동이 초등학교 학습자의 체력 향상에 미치는 영향, 한국교원대학교 교육대학원 석사학위논문.

김충렬(1994), 유가윤리강의, 예문서원.

김판수 외(2003), 구성주의와 교과교육, 학지사.

김현진(2013), 구성주의적 접근에 의한 전통놀이 활동이 유아의 창의성 및 정서 지능에 미치는 영향, 전남대학교 대학원 석사학위논문.

김희열(2002), 傳統놀이가 社會性 및 自我尊重感에 미치는 影響, 청주교육대학교 교육대학원 석사학위논문.

남궁달화(1999), 기본생활규칙의 도덕적 습관 형성을 위한 지도방법, 사회과학교육연구, 3.

농촌진흥청 농촌생활연구소(2002), 전통 세시풍속 체험 프로그램, 을지글 로벌.

류칠선(2003), 사소절에 나타난 아동의 예절교육론, 영유아교육연구, 6.

모균령(2007), 구성주의에 근거한 인지적 도제 학습이론의 음악과 적용 방 안 탐색, 부산교육대학교 교육대학원 석사학위논문.

문미옥·손정민(2013), 옛 문헌에 나타난 윷놀이의 유래와 놀이 방법, 유 아교육연구, 33(6).

문예담(2019), 유아 전통놀이의 연구 동향 분석: 국내 학위논문과 학술지 논문을 중심으로, 서울여자대학교 대학원 석사학위논문.

문용린(1997), EQ가 높으면 성공이 보인다, 글이랑.

박경호·김양분(2015), 초등학생의 인성에 대한 영향 요인 탐색, 한국교육 개발원.

박노윤(2014), 진정성 리더십, 존중감, 발언 행동 및 목표몰입 간의 관계, 경영교육연구, 24(1).

박명옥·최배영(2004), 테마가 있는 예절 이야기, 새로운 사람들.

박미조(2010), 통합교육환경에서 전통놀이 활동이 유아의 친사회적 행동 에 미치는 영향, 한국교원대학교 대학원 석사학위논문.

박범석(2005), 아동기 민속놀이 경험의 교육적 가치, 민족문화논총, 31.

박선희(2011), 전통놀이를 활용한 통합적 유아교육 활동 지도법 연구: 윷 놀이를 중심으로, 중앙대학교 국악교육대학원 석사학위논문.

박양이(2004), 전통놀이 활동이 유아의 돕기와 나누기 행동에 미치는 영 향, 한국교원대학교 교육대학원 석사학위논문.

박요찬(1998), 傳統兒童놀이가 初等學生의 親社會性에 미치는 效果: 濟州 道 初等學生을 대상으로, 제주대학교 교육대학원 석사학위논문.

박지연(2013), 초등학생의 중간놀이시간 민속놀이가 사회성에 미치는 효 과, 한국체육대학교 교육대학원 석사학위논문.

박춘길(2006), 민속놀이 프로그램이 초등학생의 토요휴업일 체육활동에 미치는 영향, 한국체육대학교 교육대학원 석사학위논문.

박혜선(2013), 자연물을 활용한 전래놀이 활동이 유아의 자연 친화적 태도 및 친사회적 행동에 미치는 영향, 아주대학교 교육대학원 석사학 위논문.

박효정·정광희(2001), 한국사회의 도덕성 지표 개발 연구 2, 한국교육개발원.

박희(2003), 구성주의를 바탕으로 한 미술과 교육: 한국화를 중심으로, 단국대학교 교육대학원 석사학위논문.

반민주(2010), 예술 통합교육·무용이 저학년 초등학생의 감성 지능에 미치는 영향, 조선대학교 교육대학원 석사학위논문.

배근희·최배영·김길령(2006), 청소년예절교육, 새로운사람들.

법제처(2021), 교육기본법, https://www.moleg.go.kr

법제처(2021), 인성교육진흥법, https://www.moleg.go.kr

변혜영(2005), 창작국악동요와 놀이를 통한 국악지도방법에 관한 연구: 초등학교 학생을 중심으로, 전남대학교 교육대학원 석사학위논문.

서재천(2011), 초등학생의 시민성 발달 조사 연구, 사회과교육, 50(4).

서희선(2007), 구성주의를 적용한 중학교 도덕과 교수-학습에 관한 연구, 한국외국어대학교 교육대학원 석사학위논문.

송강호(1988), 깨우침에 관한 교육인간학, 학민사.

송민경(2015), 책임감 기르기 교육 활동 경험이 유아의 유치원 적응에 미치는 영향, 한국교원대학교 대학원 석사학위논문.

신호재(2017), 초등학생들의 바람직한 놀이 활동을 위한 학교 교육과정 편성·운영 방안, 한국교육과정평가원.

심보영(2011), 초등학생의 전통놀이 활동 참여가 대인관계와 신체적 자기 효능감에 미치는 영향, 경인교육대학교 교육전문대학원 석사학위논문.

심우성(1996), 우리나라 민속놀이, 동문선.

신은경(2012), 구성주의에 입각한 국악의 전래놀이 지도방법 연구: 협동학습이론을 적용한 강강술래 놀이를 중심으로, 영남대학교 교육대학원 석사학위논문.

양홍동(2018), 인지적 도제이론을 활용한 2015 음악과 교육과정 핵심 역량 지도 방안, 국민대학교 교육대학원 석사학위논문.

엄상현 외(2014), 인성 덕목을 활용한 융합형 인성교육 프로그램 개발 연구, 교육부.

오다희(2020), 전래놀이가 유아의 공동체 의식에 미치는 영향, 공주대학교 대학원 석사학위논문.

우서경(2019), 전통놀이를 활용한 유아 인성교육 강화프로그램 개발 및 적용, 공주대학교 대학원 박사학위논문.

유병렬(2008), 도덕과 교육론, 양서원.

유안진(1981), 韓國 고유의 兒童놀이, 민음사.

유안진(1993), 兒童養育, 문음사.

윤상근(1999), 전통놀이가 人性 發達에 미치는 影響에 관한 研究, 경주대
학교 행정경영대학원 석사학위논문.

윤정희·나귀옥(2003), 유아교육 적용을 위한 전래놀이의 과학적 요소에
대한 분석, 미래유아교육학회지, 10(4).

윤주심(2002), 민속놀이가 초등학교 저학년 학생의 기초체력 향상에 미치
는 효과, 한국체육대학교 교육대학원 석사학위논문.

이경숙(2002), 전통놀이 프로그램이 초등학생의 창의성 신장에 미치는 효
과, 대구교육대학교 교육대학원 석사학위논문.

이기숙 외(2010), 전통 유아 놀이의 연구와 실제, 창지사.

이길표·주영애(1999), 전통가정생활문화연구, 신광출판사.

이명신·권충훈(2010), 제4장 나딩스(Nel Noddings)의 배려교육론: 유아교
육과 교사교육 중심으로, 중등교육연구, 22.

이복주(2003), 민속놀이의 생활화가 초등학생의 체력 향상에 미치는 효과,
한국체육대학교 교육대학원 석사학위논문.

이상점(2020), 다도교육 프로그램을 통한 초등학생의 인성 개발에 관한 연
구, 경인교육대학교 교육전문대학원 석사학위논문.

이상호(2018), 한국 아동 놀이의 지속과 변화, 안동대학교 대학원 박사학
위논문.

이선영(2011), 집단 전통놀이 활동이 유아의 친사회적 행동에 미치는 영
향, 한국교원대학교 교육대학원 석사학위논문.

이시형(2005), 민속놀이 활동이 초등학생의 신체적 자기효능감에 미치는
영향, 한국체육대학교 교육대학원 석사학위논문.

이영덕(1997), 한국민족문화대백과사전, 한국정신문화연구원.

이은정(2016), 인성의 8대 핵심 가치 덕목에 따른 3-5세 연령별 누리과정
교사용 지도서 내용분석, 중앙대학교 교육대학원 석사학위논문.

이은화 외(2001), 한국의 전통 아동 놀이 고찰, 유아교육연구, 21(1).

이인재(2016), 초등학생의 인성 함양을 위한 초등 도덕과 내용의 적정화
연구, 초등도덕교육, 51.

이재선(2002), 유아 교사의 전래놀이에 대한 인식도, 울산대학교 교육대학원 석사학위논문.

이주희(2009), 민속놀이 수업이 초등학생의 정의적 영역 발달에 미치는 영향, 서울교육대학교 교육전문대학원 석사학위논문.

이행주(2002), 전래놀이가 초등학교 3학년 아동의 사회성 발달에 미치는 영향, 신라대학교 교육대학원 석사학위논문.

이현정(2007), 구성주의 이론에 근거한 전통 식문화 교육과정안 개발, 경기대학교 교육대학원 석사학위논문.

이현정(2013), 전통놀이의 공간 및 행태 특성 연구, 성균관대학교 디자인대학원 석사학위논문.

이홍재(2016), 전통 그룹 놀이가 초등학생의 사회성에 미치는 영향: 광주광역시 광산구 초등학생을 중심으로, 광주교육대학교 교육대학원 석사학위논문.

임동권 외(1989), 민속론, 집문당.

임동권(2000), 아동 놀이의 의미와 기능, 한국복식, 18.

임정화(2007), 전통놀이 수업이 초등학생의 자아존중감 및 사회성 발달에 미치는 효과, 경인교육대학교 교육전문대학원 석사학위논문.

장민영(2019), LT 협동학습 모형을 적용한 미술과 수업이 인성 발달에 미치는 영향: 초등학교 6학년을 중심으로, 이화여자대학교 교육대학원 석사학위논문.

장수경(2018), 선조들의 동계스포츠, http://www.newscj.com

장승희(2015), '인성교육진흥법'에서 추구해야 할 인성의 본질과 인성교육의 방향: 행복 담론을 중심으로, 윤리교육연구, 37.

장장식(2009), 무형문화유산으로서 어린이놀이의 보존과 전승 방향, 한국민속학, 49.

장주현(2018), 구성주의적 접근에 기초한 도덕교육 실천 방안 연구, 서울교육대학교 교육전문대학원 석사학위논문.

장현기(2008), 전통놀이를 활용한 신체 활동 프로그램이 유아의 사회적 유능감에 미치는 효과, 부경대학교 교육대학원 석사학위논문.

장희선·손경원(2011), 예비교사들의 정직한 사람의 특성 인식 및 정직 정체성과의 관계 분석, 도덕윤리과교육, 34.

전성연 외(2010), 협동학습 모형탐색, 학지사.

정명숙(2009), 가족구조가 아동의 인성 발달과 사회성 발달에 미치는 영향, 백석대학교 기독교전문대학원 박사학위논문.

정문성(2006), 협동학습의 이해와 실천, 교육과학사.

정봉경(2011), 구성주의 학습이론을 적용한 초등학교 5학년 가창 학습에 관한 연구, 경인교육대학교 교육전문대학원 석사학위논문.

정연희(2003), 구성주의 이론에 기초한 요리 활동을 통한 유아 과학연구, 정민사.

정영혜(2019), 전래놀이에 대한 유아반 교사의 인식과 활용실태에 관한 연구, 중앙대학교 사회복지대학원 석사학위논문.

정옥분・정순화(2004), 부모교육: 부모 역할의 이해, 양서원.

정지혜(2007), 초등학생의 정의와 배려의 도덕성 발달 차이, 경상대학교 교육대학원 석사학위논문.

정창우 외(2014), 학교급별 인성교육 실태 및 활성화 방안, 교육부.

조경순(2014), 전래놀잇감 만들기를 활용한 전통미술교육 프로그램 개발 연구, 부산교육대학교 교육대학원 석사학위논문.

조성화(2007), 전래놀이가 초등학생의 인성 발달에 미치는 영향, 전주교육대학교 교육대학원 석사학위논문.

조성환(1991), 朝鮮 後期 民俗놀이 硏究, 한국문화연구원 논총, 59(1).

조연순(2007), 초등학교 인성교육의 현상과 과제: 초등학교 아동의 특성 변화와 인성교육의 요구, 한국초등교육학회 학술대회자료집.

조연순 외(1998), 정의교육과 인성교육 구현을 위한 기초연구 1: 철학적 심리학적 접근에 기초한 인성교육의 구성요소 탐색, 교육과학연구, 28.

조영남(1998), 구성주의 교수-학습, 구성주의 교육학, 교육과학사.

조정호(2016), 인성교육진흥법의 문제점과 그 원인에 대한 연구, 인문과학연구, 34.

조흥윤(2004), 민속에 대한 기산의 지극한 관심, 민속원.

주건성(2015), 인성은 미래다, 도서출판 인성학.

지봉근(2003), 초등학생의 전통놀이와 기초체력과의 관계, 한국체육대학교 교육대학원 석사학위논문.

지은림 외(2013), 인성지수 개발 연구, 교육부.

창의전래놀이교육협회(2016), 전통아 놀자 전래야 놀자, 도서출판 일일사.

창의전래놀이교육협회(2017), 0-100세까지 창의 인성 전래놀이, 도서출판
　　일일사.
최경민(2017), 초등학교 저학년 바른 인성 함양을 위한 교육과정 재구성
　　실천 방안 탐색: 프로젝트 학습 기반, 인성교육연구, 2(1).
최배영(2002), 생활예절과 자기표현, 신광출판사.
최배영(2016), 『사의(士儀)』 성인편(成人篇)을 토대로 한 대학의 청년기 인
　　성교육연구, 차문화 · 산업학, 32.
최재용 · 이철수(2004), 우리가 정말 알아야 할 우리 놀이 백 가지, 현암사.
최철영(1999), 민속놀이가 초등학교 학습자의 기초체력 향상에 미치는 효
　　과, 한국교원대학교 대학원 석사학위논문.
편해문(2003), 공기놀이의 전승 모습과 아이들의 공기놀이 현장, 실천민속
　　학연구, 5.
하수연(2016), 『童蒙先習』의 五倫과 인성교육 8덕목 관계를 통한 현대 인
　　성교육에 관한 고찰, 인문사회 21, 7(4).
하태오(2003), 민속놀이 교육이 전통문화 함양에 미치는 영향: 초등학교를
　　중심으로, 건양대학교 교육대학원 석사학위논문.
한국교육개발원(2014), KEDI 인성검사 실시 요강. https://www.kedi.re.kr
한국교원대학교 초등교육연구소(1999), 구성주의와 교과교육, 문음사.
함소희(2016), LT 협동학습 모형을 적용한 초등 미술과 수업이 인성 발달
　　에 미치는 영향, 이화여자대학교 교육대학원 석사학위논문.
현문학(2004), 신체 활동 중심의 집단놀이가 초등학생의 의사소통 및 학교
　　생활 적응에 미치는 영향, 부경대학교 교육대학원 석사학위논문.
현주 외(2014), KEDI 인성검사 실시 요강, 한국교육개발원.
현지애(2007), 초등학생의 인성교육을 위한 통합예술치료 프로그램 연구:
　　전통놀이를 활용한 학급집단 활동을 중심으로, 한양대학교 교육대
　　학원 석사학위논문.
형정란(2018), 바른 인성 함양을 위한 다도 프로그램 사례의 문헌적 고찰,
　　남부대학교 보건경영대학원 석사학위논문.
홍대용(1988), 심리학 개론, 박영사.
황윤한(1999), 교수, 학습이론으로서의 구성주의, 초등교과교육연구, 2.
황윤한(2003), 교수-학습의 패러다임적 전환: 연구 결과와 적용, 교육과
　　학사.

황향희(2018), 초등학교 놀이교육과 인성 함양, 교육문화연구, 24(3).

Fergus P. Hughes 저, 김광웅 외 역(2003), 놀이와 아동 발달, 시그마프레스.

Joe L. Frost · Sue C. Wortham · Stuart Reifel 저, 양옥승 외 역(2005), 놀이와 아동 발달, 정민사.

Laure E. Berk · Adam Winsler 저, 홍용희 역(1996), 어린이들의 학습에 비계 설정(Scaffolding): 비고스키와 유아교육, 창지사.

Rheta DeVries · Betty Zan · Caroyn Hildebrandt · Revecca Edmiaston · Christina Sales 저, 곽향림 외 역(2007), 구성주의 유아교육 교수법, 창지사.

Stewart Culin 저(1895), 윤광봉 역(2003), 한국의 놀이, 열화당.

최배영

성신여자대학교 문화산업예술대학원 한국문화콘텐츠전공,
소비자생활문화산업학과 부교수

대표 저서 및 논문
- 청소년예절교육
- 『사의(士儀)』를 통해 본 청년기 자녀의 성년 됨의 인성교육 내용 연구
- 양주시 초등학교 4학년 세시풍속 교육프로그램 연구
- 차생활교육이 초등학교 1학년의 주의 집중력에 미치는 효과

박명옥

사단법인 예종원 이사장
사단법인 예종원 산하 인성예절창조학교 교장
부산광역시교육청 부모님과 함께하는 참사람교실 운영자
부산광역시교육청 초 · 중 · 고교 찾아가는 인성교육 강사

대표 저서
- 『테마가 있는 예절 이야기』
- 『인간관계와 예절』

전래놀이를 활용한
초등학생 인성교육

초판인쇄 2022년 6월 30일
초판발행 2022년 6월 30일

지은이 최배영·박명옥
펴낸이 채종준
펴낸곳 한국학술정보㈜
주 소 경기도 파주시 회동길 230(문발동)
전 화 031) 908-3181(대표)
팩 스 031) 908-3189
홈페이지 http://ebook.kstudy.com
E-mail 출판사업부 publish@kstudy.com
등 록 제일산-115호(2000. 6. 19)

ISBN 979-11-6801-513-5 03370